까칠한 선배들이
들려주는
IT 이야기

엄기영 | 김혜수 | 강미정
김동혁 | 류기동 | 박세영 지음

까칠한 선배들이 들려주는 IT 이야기

information technology

현장에서 잔뼈가 굵은 현업담당자들의 생생한 경험들을 담은 책

YEAMOONSA
예문사

벌써 4년 전 일이다.
처음 모여 우리가 살아왔고 살아갈 IT 세상 이야기를 허심탄회하게 해봤던 것이.

적게는 십수 년 많게는 이십 년이 넘는 동안 우리에게 밥을 주고 돈을 줬던 이곳에서 그 세월을 버티어 내는 것이 그 누구에게도 쉬운 일은 아니었다.

닮은 사람끼리 모이는 법이라고 우리는 든든한 배경이 되어줄 금수저 하나 물고 태어나지 못했고 뜻하지 않은 횡재도, 작은 행운도 없이 오직 몸뚱아리 하나와 이 꽉 깨문 실천으로 버텨온 사람들이었다.

떠나지 않아서 혹은 떠나지 못해서 버티며 살아남았고 이제 좀 숨 쉴만하여 주위를 돌아보니 함께 길을 떠났던 수없이 많은 동료들 중 대부분은 흔적조차 없이 사라져버린 후였다.

슬펐다. 아팠다. 나 하나 살아남으려고 발버둥쳤던 모습이 부끄러웠다.
그래서 내 동료들과 함께 나누지 못했던 지난 시간들을 지금 막 이 바닥에 발을 디뎠거나 디디려고 하는 후배들과 나누고, 그들에게 작은 도움이라도 되고 싶었다.

번듯하고 잘난 이야기도 아니고, 어쩌면 부끄럽고 초라한 이야기들이었지만 그것이 함께 이 바닥을 헤치고 나가는 후배들에게 살벌한 현실의 칼

날을 한 번이라도 피할 수 있는 힘을 줄 것이라 믿었다.

그리고 4년.
우리의 세상살이는 그 세월만큼 나아졌을까?
안타깝게도 IT 세상은 아직도 사람이 사람답게 살 수 있는 곳이라 하기에 부족하다.
제 아무리 엄혹한 시절이라도 누군가는 희망을 이야기하고 내일을 노래해야 가슴이 시리도록 아픈 순간을 한 번 더 참아낼 힘을 얻을 수 있기에 우리의 넘어지고 깨졌던 이야기를 또 한 번 작은 책으로 묶어보았다.

IT를 왜 하는가? 회사를 왜 다니는가? 일은 왜 하는가?
순간순간을 바쁘게 살면서 본질을 놓치기 쉽다.

프로젝트는 왜 성공해야 하는가? 일정은 왜 지켜야 하는가? 산출물은 왜 만들어야 하는가?
목표만을 보고 달려가다 보면 내가 왜 달리기 시작했는지를 잊어버린다.

이 책을 펼친 그대들은 어떠한가?

우리는 행복하고 싶어서 일하고 달려왔다.
행복하려면 일을 잘해야 한다. 행복하려면 회사에서, 이 업계에서 인정받아야 한다.

인생의 절반 이상을 보내는 회사에서 인정받지 못하고 행복할 수 없다.
회사에서 스트레스 받고 집에 가는 발걸음이, 그렇게 들어간 집에서 맞는 가족과의 시간이 행복할 수 없다.

첫 번째 책이 생존을 이야기했다면 두 번째 책은 행복을 이야기하고자 한다.
살아남은 자의 기쁨, 그리고 살아남아 얻어가는 행복
하루하루의 경험과 실천을 바탕으로 좀 더 멀리 내다보고 지금 발 딛고 있는 이곳에서 당당할 수 있는 우리를, 그리고 그대들을 이야기하고자 한다.

IT는 힘들다. 앞으로도 그럴 것이다.
하지만 여기서 누군가는 소중한 행복을 찾아냈다.
우리가 그랬고 우리가 아는 적지 않은 사람들이 그랬다.
그 행복한 이야기, 아니 행복해지기 위한 이야기를 지금 그대들과 함께 나누고 싶다.

그 이야기를 통해
우리 행복해지자.
지금이 아니라도 언젠가는 행복해지자.
우리 모두 꼭 행복해지자.

Contents

프롤로그   5

PART 01
IT 인(人) 이야기

1. 세상은 똥을 똥이라 하지 않는다   13
2. 선택의 기로에서   24
3. 기술자는 기술만 잘하면 되나?   35

PART 02
IT 동네 이야기

4. ICT, 그 넓은 바다   49
5. 경영의 역사 100년, 그리고 엔터프라이즈 IT   57

PART 03
프로젝트 이야기

6. 당신은 화가인가요?   77
7. 위기를 기회로-시스템적 해법을 제시하자   86
8. 5분이면 이해하는 프로젝트 위험관리   93
9. 우울한 프로젝트에서 벗어나기   97
10. 회의록, 어떻게 잘 쓸 것인가?   105

차례

PART 05 / IT 생존 이야기

11. 나는 3류다   117
12. 내 인생의 한마디   130
13. 권리 위에 잠자지 말라   144

PART 06 / SW 개발 이야기

14. SW 아키텍트는 누구인가?   157
15. SW 아키텍트로 성장하기   173
16. SW 개발방법론 100% 활용하기   188
17. SW 재사용에 도전하자   202

Part 01
IT 인(人) 이야기

까 칠 한 선 배 들이 들 려 주 는

CHAPTER 01

세상은 똥을 똥이라 하지 않는다

학교가 아닌 사회는 뭔가 애매하게, 또 뭔가 갑작스럽게 요구사항을 던져준다. 몇 장의 제안서 작업이 아닌 내 삶의 근간을 흔들리게 할 수도 있는 요구까지도 그런 경우가 있다. '원격지 근무 명령', '승진 자격요건 강화', '권고사직 기준 강화' 등이 그런 것에 해당한다. 살다가 이런 일을 만나면 참 황당하다. 미리 구체적인 계획표를 짜서 일찌감치 던져주면 좋은데, 아름다운 비전과 미션만이 난무할 뿐 구체적인 how to do, what to do를 받아보기가 어렵다. 그러다 보니, 사람마다 부서마다 조직마다 때로는 산으로 가고 때로는 바다로 간다. 산으로 가고 바다로 가는 일이 젊을 때는 경험이라 생각되기도 하지만, 나이를 먹어갈수록 '이거 도대체 뭐야'라는 생각이 들기 마련이다. 왜 이런 일이 생기는 것이고 이럴 때 어떻게 대응할 것인가?

원래 그런 것이다

회사란 게 일정 규모를 넘어서면 의사소통에 병목현상이 생긴다. 아래 그림을 살펴보자. 우리가 아는 병목현상은 과연 어떤 방향일까?

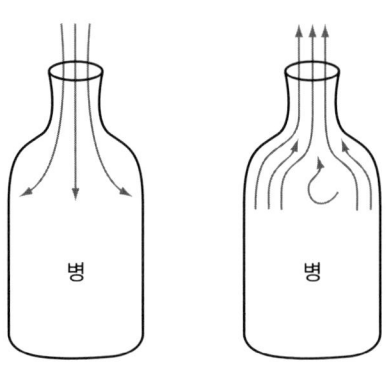

회사의 의사소통이 이렇다. 위에서 아래로는 아우토반이다. 1차선 국도에서 8차선 고속도로로 진입하는 모양새다. 더구나 오가는 차도 없다. 아래에서 위로는 그냥 그림처럼이다. 위에서 아래는 콸콸 쏟아지는데 아래에서 위로는 쫄쫄이다. 콸콸 쏟아내다 보면 같은 말을 하고 또 하게 된다. 그러면 왠지 지루한 느낌이 들어 말을 이렇게도 바꾸고 저렇게도 바꾸면서 반복하게 되고 미사여구를 동원해 멋진 말 아름다운 말로 꾸미게 된다. 그러다 보면 나중에는 원래 무슨 말을 하려고 했던 것인지조차 알 수 없게 된다.

물론, 그렇지 않은 사람들도 있다. IT인에서 정치인으로 변모한 어떤 사람이 생각난다. 어느 언론 인터뷰에서 "자꾸 어떤 의중이냐고 묻는데, 말한 그대로입니다."라고 말하는 것을 듣고서 무릎을 탁 쳤다. 우리는 언젠가부터 A를 얘기하면 A라 생각하지 않고, A′, A″가 그 너

머에 있을 것이라 생각하는 세상에 살고 있는 것이다.

잘하라고 했는데 잘하지 못했다

선문답. 염화미소. 이러한 단어들이 긍정적으로 혹은 긍정적으로 쓰이는 경우가 있다. 유교와 불교 문화의 영향이라고 볼 수 있는데 정신적인 수양에는 도움이 될지 몰라도 업무를 정확히 추진하는 데는 큰 걸림돌이다. 그냥 제대로 물어보고 제대로 답하면 시간이 단축되고 모호성이 줄어드는데 직장에서 웬 선문답이며, 그냥 '이건 이런 의미다'라고 미리 말해주면 될 것을 듣는 사람 괴롭게 염화미소 같은 상황을 연출하냐는 것이다.

업무에서 최악의 실패를 불러오는 경우가 요구사항 도출, 정리에 실패했을 때이다. 고객 요구사항 정의는 갑을 대상으로 한 일이니 그럴 수도 있다고 쳐도 조직 내부에서도 고객, 즉 상사의 요구사항을 이해할 수 없는 경우가 적지 않다는 것은 큰 문제이다.

상당수 경영학이나 리더십 책에서 최악의 상사유형으로 꼽히는 것이 애매한 지시형 상사이다. 이런 상사들은 업무의 목표, 수준, 필수 요건들을 정확히 전달하지 않고 '잘 하면 된다', '알아서 하라', '편하게 생각하고 하라' 등 애매한 요구만 하다가 막상 문제가 생기면 책임을 전가하거나 공유되지 않았던 요건들을 언급하며 비판을 가한다. 더 큰 문제는 이러한 상사와 일을 하다 문제가 생겨 해명을 위해 구체적인 사항을 적시하며 상황을 타개하려 하면 '건방지다' 혹은 '대드는 거냐'라는 핀잔과 함께 문제만 더 커지는 경우가 많다는 것이다.

필자도 과거 이런 상황에 처했었다. 프로젝트 수행 중 문제가 발생하였는데, 상사로부터 내가 받은 질책의 요점은 '잘하라고 했는데 잘하지 못했다'는 것이다. 더구나 상위 결재권자에게 보고하는 과정에서 나온 말이었는데, 황당하게도 그런 얘기를 들은 결재권자가 그 비판을 그대로 수용하여 나를 압박했다. 뭐가 잘못된 것인지 구체적으로 확인하지도 않고 '잘하라'라는 지시와 '잘 못했다'는 결과만으로 모든 상황이 정리되어 버렸다.

결국 두 사람은 모두 애매한 지시형 상사였던 것이다. 해명을 위해서는 업무를 세세하게 분석해서 근원적인 원인을 찾아가는 과정이 필요했었는데 구체적 지시와 구체적 판단에 익숙지 않은 상사에게 이런 식의 대응은 역효과를 부를 뿐이었다. 얼마 후 다른 사건이 생겨서 완전치는 않지만 필자에게 주어진 불합리한 질타의 상당 부분이 해소되긴 했는데 그 과정에서 상당한 심적 타격과 평판의 손실을 입어야 했다.

모난 돌이 정 맞는다

우리 역사의 최근 백여 년은 참혹한 시기였다. 식민지 시대를 거쳐 동족상잔에 독재시대까지. 이념의 대립으로 어느 한쪽에 서면 죽고, 때론 그렇지 않았다고 해서 죽는 시대였다. 그 후 또 오랫동안 군사독재의 시절이 이어졌다. 말 한번 잘못하면 끌려가고, 몸 상하고 운 나쁘면 목숨까지 잃는 시대였다. 이런 시대는 우리에게 말조심, 입조심을 가르쳤고 오랜 역사를 가진 우리의 애매한 커뮤니케이션 방식을 아예 공(空) 커뮤니케이션으로 변화시켰다. 심지어 어릴 때 어른들에게 가장 많이 들었던 말이 '모난 돌이 정 맞는다'였다.

　이런 복잡하고 불투명한 커뮤니케이션 방식과 커뮤니케이션의 부재의 원인을 알아보는 것은 사실 그다지 중요하지 않다. 그 결과, 특히 부정적인 결과가 어디서 나타나는지를 아는 것이 핵심이다. 특별한 경우를 제외하고는 문제는 예나 지금이나 피지배계층에서 발생한다. 과거 임금의 의사를 거슬렀다가 귀양을 가거나 목숨을 잃는 경우가 적지 않았다. 그런데 대규모 사화의 역사를 보면 사실 뭐가 어떻게 잘못되어 귀양을 가고 사형을 당했는지 명확하지 않다. 결국 당파 싸움의 결과라 정리되는데 조선왕조실록에 나타난 임금과 신하의 대화를 보면 임금의 선문답에 답을 잘못하여 진노를 사는 경우가 나오는 것을 보면 꼭 당쟁의 결과만은 아닐 것이라 생각된다.
　오늘날에도 상사의 진의를 잘 못 알아들어 신변에 불이익을 받는 직원 얘기가 심심치 않게 나온다. 대한민국을 대표하는 대기업 삼성의 대표적인 실패 사례인 삼성자동차의 경우 그 실패 원인에 대해 대다수 기사나 보고서에서 공통적으로 이야기하는 것이 문제가 있다는 것을 알면서도 말하지 못하는 경직된 조직문화이다. 맹명관의 Survival Competition에 보면 당시 삼성의 전문경영인들은 이회장 없는 곳에서는 "자동차 사업은 안 된다"라고 말하면서도 회장 앞에서는 직언을 하지 못했다고 한다.[1] 이를 바꾸어 얘기하면 오너가 하겠다고 하는 것에 대해서는 객관적인 데이터가 있어도 말하지 못한다는 것이다. 그냥

---

1. Survival Competition, 맹명관, 행간, p179, 2008. 7.

놔둬서 발생하는 문제에는 자신이 책임지지 않지만, 그것을 이야기해서 오너에게 찍히면 온전히 그 책임은 자신의 것이기 때문이다. 임원들도 이런데 일반직원들은 더 말할 것도 없다. 그래도 임원 정도 되면 오너 혹은 소수의 상사 눈치만 보면 된다. 일반직원들은 신경 써야 할 것들이 너무나 많다. 회사에서 줄을 잘 서야 한다는 얘기를 많이 한다. 필자는 이것도 어쩔 수 없는 것이라 생각한다. 회사에는 공식적인 정책이 아닌 비공식적인 무언가가 많은 것을 결정하는데, 이 모든 것을 개인이 충족시켜 갈 수가 없으니 선택을 해야만 한다. 결국 이 선택은 어느 한쪽으로 코드를 맞추어 줄을 서는 모습으로 나타날 수밖에 없는 것이다. 그러면 어떻게 해야 하는가?

공(空) 커뮤니케이션? 실제론 비어 있지 않다

앞에서 공(空) 커뮤니케이션을 언급했었다. 하지만 사실 그렇지 않다. 세상을 살아가다 보면 직접 말하기 어려운 것을 돌려서 얘기하거나 글로 전달하는 경우도 있다. 때론 침묵이 어떤 결정을 내리기도 한다. 도장 꽝꽝 찍은 문서로 모든 의사결정이 진행되면 좋겠지만 실상은 그렇지 않으니 우리도 그런 상황을 감안해서 행동을 해야 한다.

회사생활을 할 때 일이다. 휴게실에서 동료들과 이야기를 하는데 마침 그 곳에 비치된 어떤 잡지에 사장님의 인터뷰 기사가 실려 있었는데, 내용 중에 이런 게 있었다. "우리는 글로벌컴퍼니이기 때문에 회사 내에서는 영어로 대화하고, 보고서 역시 영어로 작성하고 있다." 그 기사를 보고 무슨 이런 말도 안 되는 얘기를 하고 다니시냐며 다들 웃었다. 필자도 따라 웃었지만 마음 편히 웃지 못했다. 그것은 우리에게 대놓고 이야기하지 못한 사장님의 바람이 담겨있다고 생각했기 때문이었다. 사장님의 바람을 충족시키지 못하는 직원이 어찌 마음이 편하겠는가? 그리고 또 한 가지 든 생각은 '이런 바람을 늦어도 10년차 때까지 이루어 드리지 못한다면 나는 잘리겠구나'였다. 만약 내가 그 회사를 계속 다니다가 10년 후 실제로 잘렸다면 사실상 그때 잘린 것이 아니라 10년 전부터 잘려왔던 것이다. 훗날 그때 함께 회사생활을 했던 동료들에게 이런 얘기를 했을 때 나와 비슷한 생각을 한 분들은 많지 않았다.

한두 장 정도의 인터뷰 기사였던 것 같은데 거기에는 내가 그 회사를 다니며 꼭 알아야 하는 중요한 정보가 있었다. 스타트업 같은 형태가 아니라면 일반 직원이 CEO급을 만나 직접 이야기를 듣는 경우는 거의 없다. 기회가 있더라도 그게 정말 진심이 담긴 말이었는지 확인하기 어렵다. 따라서 내가 원하는 정보를 가진 사람의 행적을 추적하여 가상의 커뮤니케이션을 스스로 만들어내는 연습을 해야 한다. 그러한 연습을 통해 내 일과 내 미래에 도움이 되는 정보를 얻어낼 수 있을 것이다.

늘 대비하라. 구체적으로

모호한 지시형 상사를 만나 혼쭐이 난 적이 있었다. 그 이전에 함께했던 상사들은 탁월한 업무능력을 가지고 전체적인 그림과 디테일을 자주 이야기하며 진척상황을 관리하였기에 문제가 발생하더라도 원인을 찾고 해결하는 데 크게 문제가 없었다. 하지만 모호한 지시형 상사의 경우 일의 성패는 둘째 치고 일단 그게 내 문제가 아니라는 것을 증명하기 위한 노력이 필요했다.

처음 문제가 발생했을 때는 이런 유형의 상사와 업무수행경험이 없어 큰 곤욕을 치렀는데 이후 업무내역을 구체적으로 적시하고 개별적으로 진척도, 효과, 업무수행시간 등을 관리하며 대처했다. 그러던 중 그 상사가 다시 유사한 상황으로 나를 몰고 가는 일이 발생했다. 전체회의에서 내 업무에 대한 전체적인 비판을 한 것이다. 여기서 중요한 것은 '전체적'이란 것이다. 즉, 구체적인 사항에 대한 비판이 아니었다.

이러면 사실 미리 준비해 두지 않고서는 대응이 안 된다. 하고 있는 일, 이미 한 일이 수십 가지가 넘는데 그게 모두 문제라고 비판하면 이미 적절한 대응 시기가 지나버리게 된다. 모든 일은 적시성이 필요하다. 그 적시를 놓치면 문제 있는 사람에 더해 뒤끝 있는 사람으로 전락할 수도 있다. 필자는 이미 예측하고 준비한 상황이었으므로 미리 만들어 놓은 대응산출물을 제시하고 상사로부터 비판철회를 받아냈다. 또한, 유사한 문제가 다시 발생하지도 않았다. 그러고 보면 그 상사는 적어도 뒤끝 있는 사람은 아니었던 것 같다.

직장생활을 하다 보면 뜻밖의 일에 말려들어가는 경우를 상정하고 대비해야 한다. 큰 문제는 정치적으로 해결해야 하고 작은 문제는 업무적으로 해결해야 한다. 많은 사람들이 회사정치를 싫어하고 그러한 것의 필요성에 의문을 제기하는데, 정치란 게 별것 없다. 말을 그렇게 붙여서 그렇지 결국 그게 대화고 커뮤니케이션이다. 앞서 말했던 문제를 해결하는 데도 약간의 정치적 요소가 작용했다. 상사와의 문제가 커지고 있을 때 나와 우호적인 관계의 몇몇 사람이 내가 모르고 있던 상황의 진행방향 및 과거 유사한 사례를 알려줬다. 그 덕에 좀 더 구체적으로 발생 가능한 문제를 예측하고 대응할 수 있었던 것이다. 그런 정보가 없었다면 전혀 준비 없이 어려운 상황에 직면하거나 엉뚱한 방향의 준비를 했을 것이다.

내가 아닌 상대의 기준에서 일하라

일을 많이 하는 것보다 제대로 하는 것이 중요하다는 이야기를 많이 한다. 하지만 제대로 한다는 것이 정확히 어떤 것인지는 상황에 따라 달라지는 것이라서 이게 참 어렵다. 필자는 일이 많은 회사를 다녔다. 그래서 일을 많이 했다. 제대로 했는지는 잘 모르겠지만 크게 욕먹은 적은 없었던 것으로 봐서 무난했었던 것 같다. 항상 치열한 현장에서 고생하며 일하다가 하늘의 보살핌이 있었는지 조금은 여유 있는 자리에서 일하는 기회를 얻게 되었다.

처음에는 예전에 비해 일이 적어서 정말 행복한 마음으로 생활하다 왠지 모를 불안감에 아무도 시키지 않은 보고서를 써서 상사에게 가져갔다가 뜻하지 않은 문제를 만들고 말았다. 제목이 '~~~에 대한 현황진단 및 개선방안'이었는데 이것을 결재받고 나니 나의 이미지는 시키지도 않았는데 괜히 문제를 일으키는 사람이 되어 있었다. 특히, 충격을 받은 것은 내가 오기 전에는 아무런 문제가 없었는데 오고 나서 문제가 생겼다는 것이었다. 그 말을 듣고 엄청나게 화가 나고 억울했었는데 시간이 지날수록 나의 잘못이었다는 생각이 들었다. 당시 상사들은 육아에 매진하고 있거나 은퇴를 앞두고 있어서 당장 처리해야 할 시급한 일들 외에는 나중에 처리하고 싶어 했다. 그런 분들에게 시키지도 않았는데 문제점들을 잔뜩 적어서 가지고 갔으니 얻어맞지 않은 것만 해도 다행이었다.

회사생활을 하다 좀 잘 나갈 때가 있다. 보통은 5년차에서 10년차 사이의 시기인데 역량 되고 체력 되고 자신감도 넘치고 해서 과욕을 부리다가 일을 그르치는 경우가 종종 있다. 특히나 프로젝트를 수십 개 정도 하고 나면 자신만의 성과기준과 평가기준이 생기는데, 이것에 대한 유연성을 잃어버리게 되면 필자와 같은 낭패를 피할 수 없다.

실력이 늘어갈 때 그것에 맞추어 겸손을 배우고, 겸허한 마음으로 주위 사람들과 조직을 바라볼 수 있어야 한다. 그래야 그 상황에 맞는 목표가 보이고 제대로 일할 수 있는 자세가 갖추어진다. 제대로 일한다는 것은 절대 나 혼자만의 기준으로 평가할 수 없는 것임을 잊어서는 안 된다.

귀 기울여야 살아남는다

회사를 다니면 회사의 방침에, 프리랜서라면 고객의 요구에 맞추어야 한다. 그것에 귀 기울이지 않는다면 살아남을 수 없다.

IT에서 일하면서 만난 엔지니어들이 이러한 것에 반발하고 수용하지 않으려는 태도를 보이는 것을 많이 보았다. 기술의 세계에는 누구나 인정할 수 있는 아름다운 정답이 있다. 그들은 조직의 세계에서도 그러한 답을 찾는다. 하지만 공학이 아닌 그 어떠한 곳에도 그러한 정답은 존재하지 않는다. 이익을 추구하는 회사에서는 더욱 그렇다. 싫든 좋든 상사의 의견에 맞추어야 하고, 정말 그것이 문제가 있는 것이라면 직급, 직책을 압도할 수 있는 논거를 가지고 설득해 바꾸는 수밖에 없다. 이도 저도 안 된다면 이직을 하는 것이다.

엔지니어는 좋은 기술로 훌륭한 시스템을 만들어 내면 된다. 하지만 그 시스템은 무엇보다도 고객, 내부 고객의 니즈를 충족시켜야 하는 것이다. 그러한 니즈는 문서로 잘 정리되어 내려오는 경우도 있지만 비공식적으로 다가오는 경우가 훨씬 많다. 특히, 우리 신상에 문제를 일으킬 만큼 중요한 것들은 더욱 더 그렇다. 회사에서 언제 나가게 될 것이라 보는가? 회사가 그것을 이야기해주지 않아도 우리는 그것을 안다. 지금 퇴사하는 선배들의 나이에 나도 나가게 될 것이니 보다 오래 내 자리를 지키고 회사를 떠나서도 자신의 입지를 튼튼히 하고 싶다면 지금 내가 요구받고 있는 것들, 향후 요구받게 될 것들에 대해 귀를 기울여야 한다. 귀를 기울여서 안 되면 직접 물어보고 직접 물어봐서 안 되면 뒷조사라도 해야 한다. 내비게이션 없이 모르는 길을 갈 수 있는가? 우리는 우리에게 필요한 것들을 정확하게 이야기해주지 않는 세상에 살고 있다. 그것을 잊지 말았으면 한다.

CHAPTER 02

선택의 기로에서

인생은 선택의 연속이다

최근 방영되었던 TV 드라마 시리즈 중 높은 시청률을 기록했던 "응답하라 1994"를 모르는 사람은 아마 없을 것이다. 그 당시 대학생이었던 필자도 풋풋했던 그 시절의 모습을 떠올리면 절로 웃음이 지어진다. 그러면서 한편으로는 "내가 만약 그 시절에 좀더 열정적으로 살았다면 지금 내 모습도 달라져 있었겠지?" 하는 후회의 마음이 생기는데 비단 필자만의 생각은 아닐 것이다. 그러나 영화에서처럼 과거로 돌아갈 수 없으므로 한탄을 하기보다는 현재를 더 충실하게 살아서 미래에 그런 후회할 거리를 만들지 않는 것이 최선일 것이다.

출생의 선택을 제외하고 모든 사람들의 인생 항로는 수많은 선택으로 이루어져 있다. 이렇게 살아가면서 맞닥뜨리게 되는 수많은 선택의 갈림길에서 어떻게 해야 후회하지 않는 현명한 선택을 할 수 있을까? 백전불패의 선택을 위한 손자병법은 없는 것일까? 이러한 질문에 대한 해답을 찾는 데 도움이 될 수 있는 선택과 관련된 경험을 소개하고

자 한다.

2010년 가을, IT인으로서의 경력에 보람된 사건이 하나 있었다.

담당하고 있는 인터넷 뱅킹 업무에 외산 솔루션을 연동시키는 프로젝트가 비교적 큰 규모로 추진되었다. 인터넷 뱅킹만 연계된 것이 아니라 영업점 단말에도 적용이 되어야 해서 많은 팀들이 이 프로젝트에 참여하였다. 여러 가지 우여곡절이 많았지만 그 중에서 프로젝트 초반에 가장 크게 대두된 이슈는 2가지였다.

첫 번째는 언어적 이슈였다.
이탈리아의 솔루션 아키텍트가 국내로 직접 파견이 되었고, 그룹과 연계된 회의가 대부분이었으며, 산출물들이 모두 영어로 만들어졌다. 다른 팀들은 통역을 거치면서 의사소통이 지연되고 일부 왜곡이 발생하면서 진척이 더딘 상황이었으나 인터넷뱅킹 관련 아키텍처 및 보안 솔루션 등에 대한 설명은 가급적 필자가 직접 영어로 소통하여 요구사항 분석단계를 큰 이슈 없이 마무리할 수 있었다.

2001년 이직과 어학연수의 갈림길에서 어학연수를 선택했던 것이 도움이 되는 순간이었다. 2001년 당시 선택의 어려움, 판단 기준 등은 뒤에서 별도로 이야기하겠다.

두 번째는 기술적 이슈였다.

초기 분석/설계 단계에서 대두된 이 기술적 이슈는 프로젝트의 기간과 비용에 결정적 영향을 미칠 수 있는 아주 중요한 것이었다. 인터넷 뱅킹에 로그인한 고객이 특정 메뉴를 선택하게 되면 로그인한 고객의 정보를 신규 솔루션이 탑재된 서버로 SSO[2]를 통해 넘겨줘야 하는 문제였다. 필자가 근무하던 은행은 외국계 은행이었기에, 도입되는 솔루션은 해외에 위치한 그룹SSO와 연동되도록 초기 설계가 되어 있었다. 그러나, 그룹SSO와 연동을 하기 위해서는 두 가지 문제를 해결해야 했다. 첫 번째는 그룹SSO가 해외에 있음으로 인한 성능 및 장애대응 문제였다. 두 번째는 국내의 전자금융감독규정이었다. 즉, 국내의 고객 정보는 해외에 위치한 시스템으로 전송 또는 보관되면 안 된다는 것이다. 금감원의 보안성 심의를 받는 부분, 지리적으로 떨어져 있음으로 인한 성능 저하 및 장애대응의 적시성 문제 등 프로젝트의 일정을 고려하면 답을 쉽게 찾기가 어려운 상황이었다. 그렇다고 그룹SSO와 동일한 기능을 하는 시스템을 국내에 구축하자니 프로젝트 비용이 걸렸다.

"프로젝트 비용과 일정을 준수하고
감독원의 규정을 준수할 수 있는 방안을 찾아라!"

어려운 문제일수록 서두르거나 초조해하면 답은 더 안 나오기 마련이다. 마음을 비우고 방안을 찾기 위한 고민을 하기 시작했다. 얼마나

---

[2]. SSO(Single Sign On) : 서로 다른 두 개 이상의 시스템에 접근이 필요한 경우 한 시스템에 대한 로그인만으로 다른 시스템에 대한 접근은 추가적인 인증 없이 로그인 처리해 주는 솔루션

걸렸을까? 만 하루가 되지 않아 위의 모든 문제를 해결할 수 있는 방안을 도출할 수 있었다.

일단 처음부터 그룹시스템과 연동하는 부분은 제외시켰다. 왜냐하면 설령 방안을 찾는다고 하더라도 향후 운영 및 유지보수 측면에서 여러 모로 걸림돌이 될 것이라 생각했기 때문이다. 무조건 국내 인터넷 뱅킹 시스템에 있는 유사 기능을 찾아서 재사용할 수 있는 방안을 연구하기 시작했다. 그렇게 해서 도출된 방안은 인터넷 뱅킹에 탑재되어 있는 암호화 모듈을 활용하여 SSO기능을 구현하는 것이었다. 그런데, 필자가 제안한 SSO기능을 적용하려면 패키지에 커스터마이징이 발생하게 되니 아키텍트가 계속 딴지를 걸기 시작했다. 그 때부터 한 일주일간 솔루션벤더의 아키텍트와 격렬한 논쟁이 펼쳐졌다.

이 논쟁에서 결국 승리하게 되었고, 승리에 결정적인 도움을 준 어시스트맨은 바로 2년 전 인생의 갈림길에서 선택한 기술사 자격 도전이었다. 기술사 자격 취득과정에서 체득한 SW공학, 보안을 포함한 IT 지식과 논리적인 설득력, 프리젠테이션 능력이 큰 도움이 되었다.

공방 과정에서 기술사 자격 취득이 도움이 되었던 부분을 몇 가지 소개하면 다음과 같다.

첫 번째는 SW공학의 아키텍처 평가와 관련하여 중요한 기법 중 하나인 "품질속성 유틸리티트리"³라는 것이다. 그룹SSO의 국내 도입과 SSO기능 구현방안 두 가지에 대하여 아래 표와 같은 "품질속성 Tradeoff 매트릭스"⁴를 만들었다. 보안성, 가용성, 유지보수성, 비용 준수성, 일정 준수성 이렇게 5가지의 품질속성을 기반으로 두 가지 방안에 대한 비교표를 만들어 설명을 하니 5가지 요소 모두 필자가 제시한 방안이 우세했던 것이다. SW 아키텍처는 기술사 시험에서 상당히 비중 있게 다루어지는데, 기술사 학습 전에는 잘 몰랐던 부분이었다.

품질속성 Tradeoff 매트릭스 예시(편의상 실제 산출물을 단순화하였음)

옵션	품질속성 Tradeoff 매트릭스				
	보안성	가용성	유지보수성	비용 준수성	일정 준수성
1안) 그룹SSO 도입	상	중	중	하	하
2안) SSO기능 구현	상	상	상	상	상

실제 그 당시 작성했던 문서에는 이 표 외에도 상세한 기술적인 내용이 추가로 포함되어 있었으나 전문을 공개하지 못하고 단순화해서 표현한 부분은 양해를 바란다.

두 번째는 보안에 대한 지식과 논리적 설득력이었다. 솔루션 아키텍트가 이번에는 보안성을 가지고 물고 늘어졌다. 10년 동안의 인터넷 뱅킹 보안 경험과 기술사 학습과정에서 습득한 보안지식을 꺼내어 그

---

3. 품질속성 유틸리티 트리 : 최적의 아키텍처 선정을 위해 다양한 품질속성을 도출하고 각 품질속성에 대하여 우선순위에 기반하여 해당 아키텍처가 만족하는 수준을 평가하기 위한 기법
4. 품질속성 Tradeoff 매트릭스 : 다양한 품질속성 간 상충되는 요소를 분석하기 위하여 아키텍처 평가 시에 사용하는 비교표

룹SSO의 보안취약성을 지적하며 필자가 제안한 방안의 보안 취약성에 대한 대응책을 이론과 논리를 가미하여 방어했다.

기술사라는 자격증이 그 선택과 도전과정에서는 많은 어려움이 있었지만 취득 후에는 이런 역량을 발휘하는 데 큰 힘이 되었다는 말이다.

만약 필자가 2001년 봄에 어학 연수를 떠나는 선택을 하지 않았다면, 2008년 가을 기술사 도전이라는 선택을 하지 않았다면 어떤 결과가 나타났을까? 그리고 그 선택의 기로에서 어떤 기준으로 선택을 했을까?

본인 스스로의 판단기준을 가지고 선택을 하라

2001년 봄, 직장생활을 시작한 지 3년이 넘은 시점에서 어학연수를 생각하게 된 이유는 영어는 아주 훌륭한 경쟁력이 될 것이고, 그 영어 공부를 국내에서 하는 것보다는 1년 정도 해외에서 직접 부딪히며 공부하는 것이 국내에서 5년 공부하는 것 이상의 효과가 있을 것이라는 확신과 자신감 때문이다. 그러나 재정적인 부담, 경력의 공백, 미지의 세계로의 도전에 대한 두려움 등으로 고민을 하지 않을 수 없었다.

"국내에 남아서 계속 일을 할 것인가, 어학연수를 떠날 것인가?"

고민 끝에 1년간의 어학연수를 했고 영어 실력 향상과 더불어 새로운 세상에 대한 좋은 경험을 할 수 있었다.

필자가 어학연수를 자신 있게 결정할 수 있었던 기준을 정리해 보면 다음과 같다.

순번	판단기준	판단 결과
1	끝을 예상할 수 있는가?	1년이라는 기한을 정해 가는 것이고 열심히 해서 영어실력이 향상된 모습을 기대할 수 있다.
2	나머지 하나의 성공에 도움을 주는가? 어떻게 도움을 주는가?	영어실력이 향상되면 국내 복귀 후 취직도 잘 될 것이고 업무성과도 높아질 것이다.
3	감당할 수 있는가? 감당할 수 없다면 설득할 수 있는가?(마음, 돈, 시간, 가족)	그 동안 모아둔 돈이 있었고, 든든한 가족의 지원이 있었다.
4	일에는 항상 시기가 있다. 시기를 놓치면 되돌릴 수 없다. 지금이 그 시기인가 3번 스스로에게 물어보라.	지금이 바로 그 시기라는 판단을 했다.

위의 기준을 참조하되 여러분들도 본인만의 판단기준을 만들어서 활용하기 바란다. 인생은 내가 사는 것이고 내가 주인이기 때문에 다른 무엇보다 본인의 판단기준이 중요하다.

어학연수를 마치고 다시 직장생활을 하면서 30대 중반의 나이에 IT 경력은 10년이 넘은 상태였는데 곰곰 생각해 보니 내가 정말 잘한다고 내세울 수 있는 뚜렷한 특기가 보이지 않았다. 영어를 조금 할 줄 안다. 정리를 잘한다. 이 두 가지를 제외하면 IT엔지니어 측면에서 내세울 수 있는 무기가 딱히 없었다. 40이 넘은 이후의 미래와 은퇴라는 단어를 떠올려 보니 눈앞이 깜깜해지는 것이었다. 그래서 생각한 것이 IT엔지니어의 최고봉이라고 할 수 있는 기술사 자격의 도전이었다. 그런데 기술사 시험이 절대 만만한 것이 아니어서 1년이 넘는 학습 기간이 필요하고, 그동안 가족, 친구와 소홀해지지 않으면 합격이 불가능한 시험이라는 사실을 알았기에 고민이 되었다.

"기술사에 도전할 것인가?" 아니면 "지금의 행복에 집중할 것인가?"

위 두 가지 선택의 갈림길에서 필자는 또 한번 앞서 사용했던 판단기준을 적용해 보았다.

순번	판단기준	판단 결과
1	끝을 예상할 수 있는가?	6개월 단기 합격 사례도 있고, 가족의 행복은 끝이 없지만 기술사 자격 취득은 분명 끝이 있는 것이다. 포기하지 않으면 반드시 합격한다.
2	나머지 하나의 성공에 도움을 주는가? 어떻게 도움을 주는가?	지금 당장 가족에게 소홀할 수는 있겠지만 기술사 합격은 장기적 관점에서 가족의 행복을 오히려 높일 수 있는 방안이 될 수 있다.
3	감당할 수 있는가? 감당할 수 없다면 설득할 수 있는가?(마음, 돈, 시간, 가족)	나 스스로는 감당할 수 있다. 가족에게 기술사 합격 후의 청사진을 보여주며 설득을 했고 승낙을 받았다.
4	일에는 항상 시기가 있다. 시기를 놓치면 되돌릴 수 없다. 지금이 그 시기인가 3번 스스로에게 물어보라.	지금이 바로 그 시기라는 판단을 했다.

이렇게 기술사 도전을 선택했고, 2008년 가을 본격적인 학습의 스타트를 끊었다.

열심히 공부하기도 했지만, 운이 따라주어 1년이라는 비교적 단기간에 기술사 합격이라는 결실을 맺을 수 있었다.

선택을 했으면 뒤돌아 보지 말아라

위에서 선택을 위한 판단기준을 이야기하였다. 그러나 수 많은 선택의 기로에서 이런 판단기준을 적용해서 성공하는 케이스가 얼마나 될까? 사실 선택의 정확성을 높이기 위해서는 판단기준을 보다 정교하게 만들기보다 선택을 성공으로 만들기 위한 선택 이후의 노력이 더 중요하다.

어학연수라는 선택의 경우에도 그냥 외국으로 공부하러 떠나야지 하는 마음을 갖는 것과 어떻게 하면 어학연수기간 동안 성과를 극대화할 것인가를 고민하는 자세는 1년 후 엄청난 차이를 가져오게 된다. 물론 어학연수기간 동안 '동료들은 국내에서 돈도 벌고, 사회 경험을 쌓는데, 나는 괜히 돈만 낭비하는 건 아닌가'라는 불안감이 없었던 것은 아니었다. 그렇지만 어찌 되었든 내가 선택한 결정이니 후회 없도록 하자는 각오로 미친듯이 영어학습에 매달린 결과 이후에 직장 생활에서 도움이 될 수 있는 만큼의 성과를 거두었다고 생각된다.

기술사 학습의 경우 그 과정이 정말 만만치 않았다. 당시 회사 업무 부하로 인하여 밤 10시 이후에 퇴근하는 날이 대부분이었고, 주말 근무도 많았다. 게다가 방대한 학습 분량을 감안하면 다른 기타 자격증처럼 평범하게 공부해서는 절대로 합격이 불가능할 것 같았다. 일과 학업을 병행하는 어려움은 상상 이상이었고 시간 부족과 졸음과의 싸

움의 연속이었다. 그러나 한 번도 포기라는 단어를 떠올리지 않았다. 일단 내가 선택한 길이고, 이 길의 종지부는 바로 내가 찍는 것이기 때문이었다. 그래서 모든 방법을 다 동원하여 학습 효과를 극대화시킬 수 있는 전략을 수립했다.

학습 시간을 만들어 내기 위해 다음과 같은 방안을 마련했다.
(1) 버려지는 시간의 활용 : 출퇴근 시간, 점심 시간, 화장실 다녀오는 시간에 공부하기
(2) 업무 시간의 활용 : 회의록 및 이메일 작성 시 기술사 답안 형식으로 작성, 그 동안 보지 않았던 업무 산출물 들여다 보기

그리고 장기 레이스에서의 체력 저하를 극복하기 위해 운동을 하지 않을 수 없었는데, 운동을 하면 공부시간이 줄어든다는 문제가 있었다. 이 문제는 운동을 하면서 공부하기라는 방법을 사용하여 극복했다. 운동횟수는 주말에 1~2회로 제한을 두고, 독서실에서 공부하고 집으로 저녁 먹으러 갈 때 근처 공원까지 뛰어가는 방식을 택했다. 이렇게 하니 약 4km 정도를 뛰었는데, 크게 무리가 되지 않았고 뛰면서 강의 파일을 청취했기 때문에 공부와 운동을 병행한 형태가 된 것이다.

이건 이래서 안 되고, 저건 저래서 안 된다는 말은 모두 핑계에 불과하다. 본인이 진정으로 원하는 목표가 있다면 어떻게 해서든 달성할 방도를 찾게 되고 방도를 찾다 보면 반드시 해결책이 나오는 법이다.

준비하는 자에게는 반드시 기회가 온다

최근 우연한 기회에 "김규환 명장의 성공 이야기"라는 글을 읽게 되었는데 거기에 언급된 성공 원칙 세 가지가 정말 마음에 와 닿았다. (1) 부지런하면 굶어죽지 않는다. (2) 준비하는 자에게는 반드시 기회가 온다. (3) 목숨 걸고 노력하면 안 되는 것이 없다. 국민학교도 다녀보지 못하고 기술 하나 없는 15살 소년 가장이 대통령 표창, 발명대상, 장영실상 등을 수상하고 5개 국어를 구사하며 명장의 반열에 오르기까지 어떤 노력을 했는지는 정말 시사하는 바가 크다고 하겠다.

우리는 인생의 경로에서 많은 목표를 세운다. 목표를 세웠으면 선택을 해야 하고, 선택을 했으면 실행해야 한다. 선택의 기로에서 나만의 판단기준을 가지고 결정을 내리는 것도 중요하지만, 선택한 이후 그 결정을 성공으로 만들기 위한 노력이 더 중요하다.

이렇게 열정을 가지고 준비하는 자에게 선택으로 인한 결정이 결실을 맺을 수 있는 기회 역시 더 많이 찾아오지 않을까?

CHAPTER 03

기술자는 기술만 잘하면 되나?

흔히 IT엔지니어 혹은 IT기술자라고 하면 해당 분야의 기술만 잘하면 되는 것으로 생각하기 쉽다. 그러나 필자와 많은 선배들의 경험에 의하면 절대 그렇지 않다. IT기술자로 입문했거나 아직까지 IT기술자로서 본인의 기술능력에 비해 인정을 못 받는 분들을 위해 성공을 위한 세 가지 비IT적 역량을 소개한다.

(1) 모든 사람을 나의 고객이라고 생각하라.
(2) 긍정적 마인드는 나를 돋보이게 만든다.
(3) 비판적인 사고는 문제의 본질에 다가서게 만든다.

모든 사람은 나의 고객이다

"지킬박사와 하이드"는 누구나 어렸을 때 한번쯤은 읽어보았을 만큼 유명한 소설이다. 두 사람은 동일 인물로, 선과 악의 이중적인 자아를 갖고 살아가는 삶을 보여주며, 인간 본성에 잠재된 두 가지 면을 날카롭게 조명하고 있다. 고객서비스 분야에 종사하는 분들이라면 무슨 말을 하려는지 짐작이 가리라 생각된다. 필자의 경우도 인터넷뱅킹 운영 업무를 하면서 고객 응대를 많이 했었는데, 고객의 불만을 듣고 해결하는 일이 여간 어려운 것이 아니었다.

고객 응대의 어려움에 대한 에피소드

국내 굴지의 대기업에서 마케팅 책임자로 근무하는 김부장이 급하게 인터넷 뱅킹으로 돈을 보내야 하는데, 인터넷 뱅킹 화면이 뜨지 않자 A은행의 CSC(Customer Service Center)로 전화를 걸어 다짜고짜 따진다.

고객서비스센터 상담 사례

김부장	"왜 이따위로 인터넷 뱅킹을 만들어 놔서 사람 급한데 돈을 못 보내게 하는 거야?"
CSC상담원 (이대리)	"고객님 인터넷 뱅킹이 어떻게 안 되시는지 말씀해 주시면 제가 도와 드리겠습니다."
김부장	"어떻게 안 되긴 어떻게 안 돼?", "지금 이렇게 안 되고 있는데, 상담원이라는 양반이 그것도 모르고 뭐하고 있는 거야?"
이대리	"고객님 일단 저희 은행 인터넷 뱅킹 장애 상황은 아니고, 고객님 PC에서만 잘 안 되는 것 같으니 제가 원격지원을 통해 확인해 드리겠습니다."
김부장	"뭐라고? 그럼 내 PC가 문제고 나만 이상한 사람이라는 거야?", "원격지원 같은 거 필요 없고, 당장 책임자 바꿔!"
이대리	"고객님 잘못이라는 뜻은 아니구요..."
김부장	"이런 거 하나 똑바로 못하면서 무슨 서비스를 한다는 거야?" 하며 욕설을 퍼붓는다.

이대리	(눈물을 흘리며) "고객님 저는 진심으로 고객님을 도와드리고 싶은데, 고객님이 그렇게 계속 욕설을 하시면 도와드릴 수가 없습니다."
김부장	"됐고, 나 당신네 은행과 거래 안 할 테니 책임자보고 전화하라고 해!"

울고 있는 이대리를 동료들이 달래주었지만 퇴근하면서도 오전 통화의 전율이 아직까지도 온 몸을 휘감으며 귓가를 계속 울리고 있다. 시무룩한 표정으로 들어오는 이대리를 보며 아버지가 이렇게 묻는다.

아버지	"너 표정이 안 좋은데 오늘 무슨 일 있었니?"
이대리(딸)	"네, 오늘 회사에서 좀 안 좋은 일이 있었어요."
아버지	"저런, 오늘은 또 어떤 고객이 진상을 부린 거야?"
딸	(울먹이며) "저 회사 그만 두고 다른 직장 알아보려고요. 더 이상 못 견디겠어요."
아버지	"도대체 어떤 놈이 우리 딸 못살게 군 거야?"
딸	"A은행 인터넷 뱅킹 사용 고객인데 막무가내로 안 된다고 욕하고…"
아버지	(어, 나도 A은행 이용하는데…) "혹시 통화 시간이 오전이었나?"
딸	"응 맞아요. 그런데 통화 시각은 왜요?"
아버지	"아, 아무것도 아냐. 그냥…"

 이 시나리오는 가상으로 만들어낸 것이지만, 오늘도 고객서비스센터의 직원들은 소위 말하는 '진상 고객'을 응대하느라 진땀을 흘리고 있다. 욕하는 고객과 우는 상담원은 절대 남의 이야기가 아니다. 필자도 초창기 고객서비스센터의 체계가 제대로 갖춰지기 전에는 직접 수많은 고객들을 응대했고, 대부분은 잘 따라주었지만 간혹 위와 같은 진상 고객을 만나면 하루 종일 일이 손에 잡히지 않고 기분이 나빠지는 경험을 해보았기에 상담원들의 고충을 아주 잘 알고 있다. 상담원이 내 아들, 내 딸이라고 생각하면 절대 그렇게 하지 못할 것이다.

오늘의 고객이 내일은 상담원으로….

영원한 고객도, 영원한 상담원도 없다. 오늘의 고객이 내일은 상담원의 입장이 된다. 서비스 이용 고객뿐 아니라, 비즈니스 파트너, 타 부서의 직원, 동료 등 모든 사람을 나의 고객으로 생각하는 마인드를 가지기 바란다.

긍정적인 마인드는 나를 돋보이게 만든다

부푼 꿈을 안고 IT업계의 신입사원으로 입사하여 처음엔 실수 투성이었던 풋내기 사원이, 점차 내공을 쌓아 대리, 과장으로 승진하면서 본인이 맡은 분야에서 타의 추종을 불허하는 훌륭한 중견 사원으로 성장하는 모습을 보는 즐거움은 관리자로서의 보람이 아닐까 싶다. 필자도 그런 과정을 거쳐 성장했고, 지금은 관리자의 입장에서 어린 후배들이 성장하는 모습을 지켜보며 그들이 좋은 방향으로 성장할 수 있도록 이끌어 주는 과정에서 상당한 보람을 느끼고 있다. 그리고 이러한 과정에서 가장 필요한 것은 긍정적인 마인드가 아닐까 싶다.

지금 다니고 있는 직장에 입사했을 때의 일이다. 공인인증업무를 담당하게 되었는데 처음 맡는 업무로 모든 것들이 생소하기만 했다. 은행 영업점에서 전화문의가 왔는데 영업점의 급박한 확인 요청에 선임에게 물어볼 수밖에 없었다. 그런데 당시 선임은 물음에 대한 답을 바로 주지 않았다. 그냥 가르쳐주면 될 일을 그러지 않는 것을 보고 그때는 원망했지만 결과적으로는 필자에게 큰 득이 되었다는 사실을 얼마 지나지 않아 알게 되었다.

"어차피 내가 맡은 업무이니 누군가에게 의지하지 않고 내 스스로 답을 찾는 것이 결국은 나의 발전을 위한 길일 거야"라는 긍정적인 마인드를 갖고 노력을 했다. 그 때부터 모든 소스코드를 분석하기 시작했고, 모든 거래로그를 직접 눈으로 확인하며 공인인증 프로세스를 익히기 시작했다. 결국 3개월 정도 지나자 웬만한 업무 문의는 스스로 해결할 수 있는 수준이 되었고, 1년이 되자 공인인증 업무에 대해서는 나름 인정받는 수준으로 성장할 수 있었다.

만일 그 당시 선임을 원망하며, 상위 관리자에게 이런 불만을 표출했다면 어떻게 되었을까?

마인드의 중요성에 대한 또 다른 사례

은행 업무는 실시간성과 장애 예방이 최우선 과제였기에 업무 부하가 상당히 강한 편에 속한다.

야근과 주말 근무를 해야 할 상황이 종종 발생하는데, 이런 상황에서 담당 업무와 직접 연관이 없는 추가적인 업무 지시가 내려지면 어떻게 대응해야 할까? 아마도 두 가지 부류가 있을 것이다.

첫 번째 부류는 부정형이다. 가뜩이나 바쁜 상황인데, 추가적인 업무 수행은 절대 수용할 수 없다는 입장이다. 두 번째 부류는 긍정형이다. 내 업무와는 관련이 없지만 새로운 경험을 쌓는 기회로 활용하려는 입장이다. 긍정형의 경우 그러면 어떻게 추가 업무를 수행할 것인가? 그 동안 나도 모르게 낭비했던 시간에서 단 30분이라도 만들어

내려는 고민을 하지 않을까? 이러한 접근방법에 무조건 No라고 생각한다면 본인은 부정형에 속하는 것이 아닐까 자문해볼 필요가 있다.

물론 모든 상황에서 이처럼 긍정적으로 임하기는 어려울 것이다. 그러나 이렇게 긍정형으로 생각의 전환을 한다는 자체만으로도 업무를 지시한 상사로부터 긍정적인 평가를 받지 않을까?

필자의 경우 동일한 인터넷 뱅킹 업무를 오랫동안 수행해 왔기에 다른 업무를 접할 기회가 좀처럼 오지 않았다. 이 이야기는 갑작스런 상황의 변화로 인해 회사를 옮겨야 할 경우, 혹은 다른 업무가 주어질 경우 대응력이 떨어질 수밖에 없다는 뜻이다. 그래서 일부러 제안 TFT, 신사업 발굴 TFT 등에 적극적으로 참여했고, 그 과정에서 새로운 업무에 대한 적응력을 높일 수 있었다. 기회는 준비된 자만이 잡을 수 있다고 하지 않았던가? 여러분들이 동료, 상사, 고객이라면 위의 두 부류의 사람에 대해서 어떤 평가를 내릴 것인가? 거기에 대한 해답을 찾는 과정에서 IT엔지니어로서 어떤 마인드를 가져야 할지는 명확해질 것이다.

위기를 기회로 삼고, 현재의 위치에 안주하지 않으며, 긍정적인 마인드로 무장하는 것은 나를 돋보이게 만드는 강력한 갑옷이 되어 줄 것이다. 회사의 문을 박차고 나갔을 때 사방에서 날아오는 화살을 맞고 장렬히 전사하느냐 아니면 나만의 튼튼한 갑옷을 입고 튕겨낼 수 있느냐는 바로 이러한 마인드에 달려 있다.

관찰력과 비판적 사고는 문제의 본질에 다가서게 만든다

최근 들어 창의적 문제해결능력 향상을 위한 인력 양성, 창조경제를 위한 OOO 등과 같이 창의라는 단어가 사회 곳곳을 휩쓸며 선풍적인 바람을 일으키고 있다. 남들이 생각하지 못한 것들을 생각해 내고 이를 이용하여 경쟁자와 차별화된 새로운 기술 및 서비스를 개발함으로써 비즈니스 경쟁력을 향상시키고 나아가서는 국가경쟁력까지 향상시킬 수 있다는 게 주요 골자다. 그리고 이 창의적인 사고의 밑바탕에는 사소한 것도 놓치지 않는 관찰력과 관찰한 사실에 대한 비판적인 사고가 깔려 있다고 할 수 있다.

IT기술자로서 관찰력과 비판적인 사고력을 타고난다는 것은 정말 축복받은 일이다. 하지만 필자의 경험에 의하면 타고나지 않아도 훈련을 통해 충분히 개선할 수 있으니 혹시라도 '나는 타고난 능력이 없으니 안 된다'는 부정적인 생각은 버리기를 바란다.

비판적인 사고가 IT현장에서 어떤 영향을 줄 수 있는지 두 가지 사례를 소개하고자 한다.

첫 번째는 인터넷 뱅킹의 장애 발생률을 극적으로 개선한 사례이다. 인터넷 뱅킹은 고객과 직접 대면한다는 특성상 환경 변화에 상당히 민감하게 반응하는 채널이다. 고객 PC 환경의 변화, 인터넷 환경의 변화, 감독 규정의 변화가 발생할 때마다 가장 먼저 영향을 받는 채널이 인터넷 뱅킹이다. 특히 장애에 대한 민감도는 최상급이라고 할 정도로 인터넷 뱅킹의 담당자들은 항상 장애와의 전쟁에 긴장의 끈을 놓을 수 없는 게 현실이다.

  B은행의 인터넷 뱅킹팀에 김 팀장이 새로 부임을 했는데, 그 동안의 장애 이력을 보니 운영환경에 적용을 하기만 하면 크고 작은 장애가 자주 발생하는 것이었다. 그렇다면 이런 장애를 예방하기 위해 어떤 노력을 했는지 팀원들에게 물어보니 테스트를 열심히 하고, 체크리스트를 만들어서 실수를 최대한 줄이려고 했는데 항상 예상치 못한 문제들이 발생한다는 것이었다. 분명히 나름대로는 노력을 하고 있는데 왜 계속적으로 문제가 발생하는 것일까? 김 팀장은 좀더 문제의 본질에 가까이 가기 위해서, 장애가 발생한 원인과 개발 및 운영환경을 관찰하고 분석하기 시작했다. 분석을 하고 보니 소스 코드의 누락과 개발과 운영의 환경적인 차이(디렉토리 구성, IP주소, URL 등)로 인한 장애가 가장 큰 요인으로 식별되었다. 그렇다면 김 팀장은 어떠한 해법을 내놓았을까? 김 팀장은 시스템, 사람, 프로세스라는 3가지 요소를 접목하여 장애 최소화 방안을 도출했고 그 결과 B은행의 인터넷뱅킹의 장애 발생률은 그 이전에 비하여 10% 미만으로 줄어들게 되는 드라마틱한 결과가 나왔다.

  대체 어떤 마술을 부린 것일까?

  우선 시스템 측면에선 개발서버나 운영서버와 별도로 제3의 UAT[5] 서버를 새롭게 구성했다. 그리고 이 UAT서버는 운영환경과 동일하게

---

5. UAT(User Acceptance Test) 서버 : 소스 코드가 운영서버로 배포되기 전에 사용자 입장에서의 인수테스트를 목적으로 운영되는 제3의 테스트용 서버

구성했고, 개발자들은 절대로 접근할 수 없게 경험 많은 고참 기술자가 철저히 통제하고 관리하도록 했다. 마지막으로 프로세스 측면으로는 개발이 끝난 소스코드는 운영배포 직전 반드시 UAT서버로 이관을 해서 테스트를 수행하고 고참 기술자의 검증을 받도록 프로세스를 개선했다. 이렇게 했더니 소스코드 누락으로 인한 오류와 환경적인 문제로 인한 오류는 운영서버가 아닌 UAT서버에서 사전에 식별이 되어 장애 발생률을 현저하게 낮출 수 있게 된 것이다. 예리한 관찰력과 비판적인 사고를 통해 문제의 근본적인 원인을 해결한 훌륭한 사례라 할 수 있겠다.

두 번째는 필자의 사례이다. 4~5년 전에 있었던 일인데, 원인 모를 인터넷 뱅킹 접속 끊김 현상이 지속적으로 고객서비스센터를 통해 접수되고 있었다. 많이 발생하는 것도 아니고 한 달에 10여 건 정도의 문의가 간헐적이면서도 꾸준하게 접수되었다. 이런 고객들은 또 며칠 지나면 정상적으로 이용이 되곤 해서 도무지 갈피를 잡지 못해 그저 고객 환경상의 문제일 거라 생각하고 방치하고 있다가 팀장님과 상의하여 이 문제를 해결해 보기로 하였다.

먼저 접속에 장애가 있는 고객은 어떤 특징이 있는지를 도출해 보기로 하고 고객서비스센터에 의뢰하여 이런 고객의 환경적인 특징을 파악하여 전달해 달라고 하였다. 그렇게 한 보름 정도 데이터를 모아서 서버의 로그와 함께 분석을 해보니 놀라운 사실을 알 수 있었다. 고객들 모두가 접속이 안 되는 시점에는 특정한 지역에서 운영되는 서버로 접속이 되고 있는 것이었다. 참고로 은행에서는 부하 분산을 위해 주 센터가 아닌 제3의 지역에도 인터넷뱅킹 서비스를 전문으로 운영하는 ASP[6] 업체에 위탁하여 서비스를 분산하여 운영하는 곳이 많이 있다. 즉 문제가 발생하는 포인트는 모두가 주 센터가 아닌 ASP 센터였던 것이다. 일단 이 사실을 기반으로 ASP 센터의 담당자에게 해당 고객들의 접속 정보를 기반으로 분석을 요청했고, 결과적으로는 ASP 센터 내의 네트워크 장비의 잘못된 보안 설정이 이러한 간헐적인 접속 장애를 유발하고 있었던 것이다.

이렇게 조치를 취하고 나니 동일한 오류로 고객서비스센터로 접수되는 문의는 0건으로 줄었고, 완벽하게 문제가 해결되었던 것이다. 결과만 놓고 보면 별거 아닌 것처럼 보이지만 방대한 서버의 로그를 들여다보는 인내심과 비판적인 사고가 아니었으면 해결이 쉽지 않았던 대표적인 사례라고 할 수 있겠다.

그렇다면 이러한 비판적인 사고력을 향상시키는 방법으로는 무엇이 있을까?

필자의 경험에 비추어 다음 3가지 방법을 제시한다. (1) 인내에 기반한 관찰력 (2) 끊임없는 탐구자세 (3) 데이터(로그) 분석력(데이터는 거짓말을 하지 않는다.)

말이나 생각은 쉽다. 문제는 행동으로 옮기는 실천력이다.

---

6. ASP(Application Service Provider) : 인터넷뱅킹 서비스와 같은 응용서비스를 공급하는 업체

IT기술자로서 성공하기를 원한다면 기술적인 역량도 길러야 겠지만, 위에서 언급한 3가지 비기술적 역량의 개발을 통해 더욱 훌륭한 무기를 갖출 수 있을 것이다.

(1) 모든 사람을 나의 고객이라고 생각하라.
(2) 긍정적 마인드는 나를 돋보이게 만든다.
(3) 관찰력과 비판적인 사고는 문제의 본질에 다가서게 만든다.

모든 사람을 나의 고객이라고 생각하는 마인드를 통해 나를 지지해 주는 사람이 늘어나고, 위기를 기회로 만드는 긍정적인 마인드가 결합되어 더 많은 기회가 주어지고, 그러한 기회를 놓치지 않는 예리한 관찰력과 비판적인 사고를 통해 문제를 해결한다. 여기에다 기술적인 능력이 더해진다면 금상첨화가 아닐까?

Part 02
IT 동네 이야기

까칠한 선배들이 들려주는

CHAPTER 04

ICT, 그 넓은 바다

ICT 기술이 발전해감에 따라 우리는 생활의 많은 부분에서 ICT 기술을 사용하고 있다. 가깝게는 매시간 사용하는 스마트폰에서부터 멀게는 원격의료진료까지 ICT 기술은 이미 우리 삶 깊숙이 파고들고 있다. 이러한 변화는 ICT 산업 자체에도 영향을 주고 있는데 ICT, 즉 Information Communication Technology 산업의 범위는 어디서부터 어디까지이고, 어떤 변화가 일고 있는지 알아보자.

다음은 미래창조과학부에서 발표한 ICT 산업 생산액 통계이다. 이는 2007년부터 2013년까지 국내 ICT 산업에서의 생산액을 산출한 것으로 ICT 산업을 ICT 서비스, ICT 기기, SW(패키지SW+IT서비스) 영역으로 분류하여 생산액을 비교하였다.

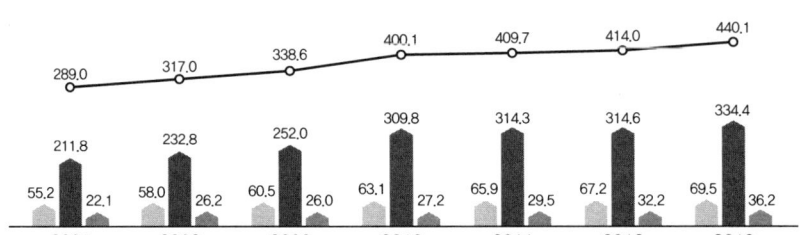

ICT 산업 생산 추이[7]

통계에서 분류한 3가지 영역은 각각 아래와 같은 세부 항목으로 구성된다.

항목	세부 범위
ICT서비스	방송, 초고속망, 이동통신, 전화, TV방송, 종합유선방송, 인터넷, 게임서비스,인터넷광고 서비스 등
ICT기기	통신, 방송, 정보기기, 부품, ICT 응용기반 기기 - 주요생산품목 : 반도체, 평판디스플레이, 휴대폰, 디지털TV 등
SW	패키지SW, IT 서비스, 디지털콘텐츠

세부항목을 자세히 보면 언뜻 ICT와 관련이 없어 보이는 것까지 포함되어 있어 ICT 산업의 범위가 생각보다 넓다는 것을 발견할 수 있다. 컴퓨터, 휴대폰과 같이 우리가 직접 사용하는 완성품은 물론 각종 디지털기기의 부품인 반도체까지 ICT 산업의 범주에 속해 있으며, 컴퓨터를 사용하기 이전부터 일찌감치 우리 생활에 자리잡았던 TV 방송 분야까지 ICT 산업에 포함된다.(오늘날 방송 신호가 디지털로 처리되

---

7. 2014, 2014년 정보통신산업의 진흥에 관한 연차보고서, 미래창조과학부, p40

어 전송되므로 사실 ICT 산업 분야에 속하는 게 더 자연스럽게 느껴질 수도 있다.)

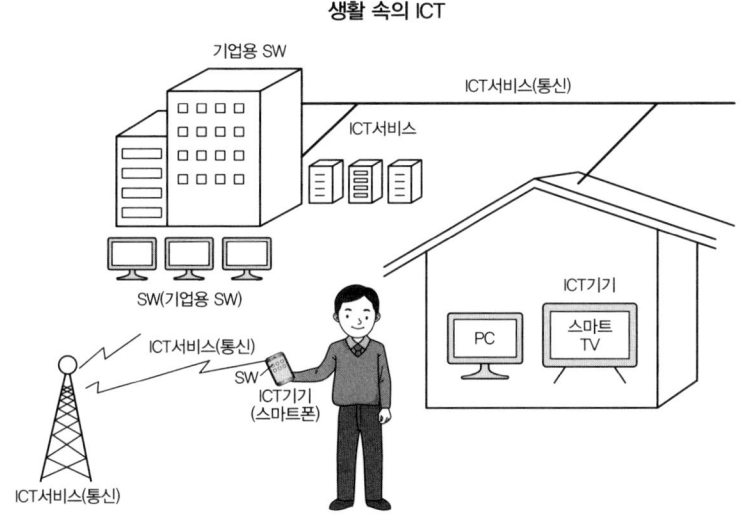

생활 속의 ICT

요즘 아침 출근길 지하철에서 스마트폰을 손에 쥐고 어제 놓친 방송 프로그램을 보는 사람들을 심심치 않게 볼 수 있다. 평범하게 보이는 이러한 행동은 ICT 산업 대부분의 기술을 적용해야만 가능하다. 스마트폰은 반도체, 메모리 등으로 만들어진 ICT 기기이고, 드라마라는 방송 콘텐츠(ICT 서비스)와 디지털 방송을 끊김없이 전송하는 SW을 활용해야만 하기 때문이다.

결국 스마트폰은 방송, 반도체, SW까지 ICT 산업의 거의 전 분야의 기술을 활용하는 ICT 기술의 융합체라고 볼 수 있다. 이런 이유로 애플이 아이폰을 처음으로 세상에 출시했을 때 ICT 산업은 엄청난 지각변동을 겪었다. 오랜 기간 동안 휴대폰 시장에서 1위를 해오던 제조업체가 위기를 겪는가 하면, 개발자와 제조사 위에 군림하던 통신사들은 살아남기 위해 애플과 협력해야 했다. 정보통신강국이었던 우리나라의 아이폰 출시시기는 이상하리만큼 늦어졌는데, 그 배경에는 아이폰이 몰고 올 엄청난 변화를 조금이나마 늦추고 싶었던 당시 ICT 산업계 공룡들의 입김이 없지 않았다.

위의 통계에서 생산액 수치만 보면 2007년부터 2013년까지 변동폭이 크지 않아 ICT 산업에 변화가 별로 없어 보인다. 하지만 그 수치를 구성하고 있는 대상은 계속 변화하고 있다. 디지털 TV는 네트워크를 만나 스마트 TV로, 휴대폰은 스마트폰으로, 기업용 SW가 대부분이던 SW 생산액은 소비자를 대상으로 하는 스마트폰 앱과 다른 산업과의 융합을 위한 임베디드 SW의 비중이 높아졌다.

정보통신강국이라는 우리나라 ICT 산업에서 가장 취약한 분야는 SW산업이다. 위의 통계에서도 볼 수 있듯이, 생산액이 3개 분야 중 가장 낮아 대통령이 되는 분들마다 SW 산업을 살리겠다는 정책을 발표했었다.

그렇다면 SW산업은 어떻게 구성되어 있는지 한번 보자.

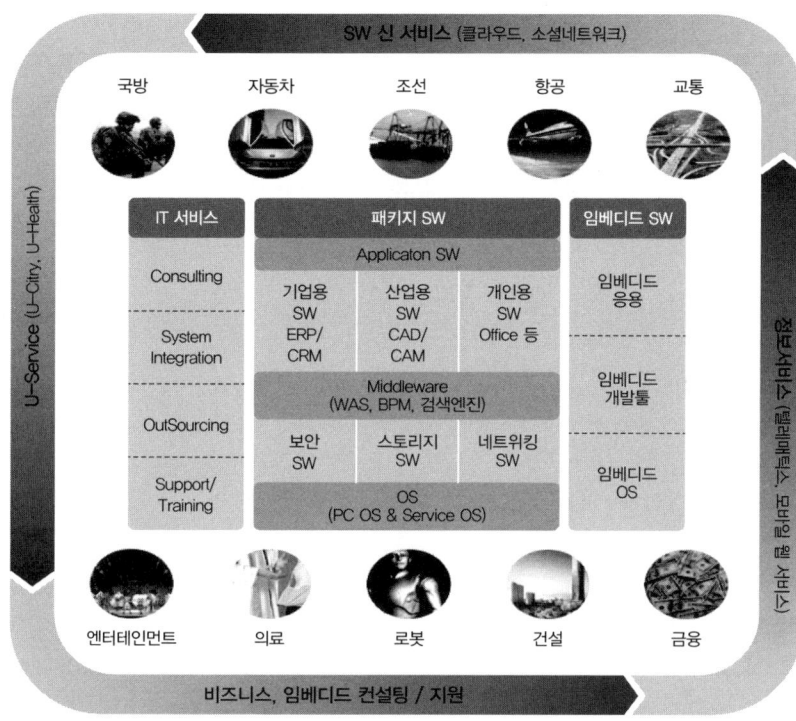

SW 산업의 영역[8]

산업과 기술이 융합되는 현상과 SW 산업의 서비스화 추세가 맞물리면서
SW 적용 범위는 지속적으로 확대될 전망

    우리나라의 SW 산업은 IT 서비스, 패키지 SW, 임베디드 SW 3가지 유형으로 구분되면서 영역의 특성에 따라 그 계층이 다시 나뉘게 된다. IT 서비스는 그야말로 컨설팅, 유지보수 등 사람이 직접적으로 투입되어 노동을 통해 서비스하는 영역이고, 순수 SW는 다시 패키지

---

8. 2013 SW산업연간보고서, 미래창조과학부, NIPA, p38

와 임베디드로 나뉜다. 과거 개인이 MS-Office를 사용하려면 MS-Office 프로그램 CD가 담긴 패키지 포장 박스를 사서 설치해야 했었다. 이렇게 완성된 프로그램을 구매해서 설치하면 되는 포장된 SW가 바로 패키지 SW이다. 개인뿐만 아니라 기업들을 위한 패키지 SW도 있는데 기업용 패키지 SW는 조금 다른 특성을 갖고 있다.

기업용 패키지 SW는 직접 설치가 어렵고, 운영과 관리에 많은 비용이 소요된다. SW와 HW를 별도로 구매해서 정해진 장소에 설치하고 설정하는 작업이 필요하며, 기업 내부 네트워크 및 시스템들과의 연동 작업이 요구된다. 또한, 안정적인 운영을 위해 일정 규모의 관리인력과 비용이 수반된다.

대규모 기업의 경우 전산조직을 구성하여 이런 업무를 전담시킬 수 있지만, 작은 규모의 기업에서 자체적인 전산환경 구축은 부담스러운 비용일 수밖에 없다. 이런 문제의 해결책으로 최근에 각광받고 있는 것이 바로 클라우드 서비스이다. 클라우드 서비스는 전산시스템 환경 구축을 위한 모든 것을 각각 구매하는 것이 아니라 필요한 만큼 빌려 쓰는 서비스라고 할 수 있다. 시스템이 필요한 기업들은 구매비용과 인건비가 아니라 사용료를 지불함으로써 원하는 시스템을 필요한 기간만큼 사용할 수 있다.

클라우드 서비스는 SaaS로 산업계에서 회자되기 시작했으나, 그 범위는 끝을 알 수 없을 만큼 지속적으로 확장되고 있으며, 이런 확장세로 인해 애플의 아이폰처럼 ICT 산업 전반에 걸쳐 영향을 미치고 있는 중이다. 기업은 서버실이라는 물리적인 공간과 전산 전담인력 없이 필요한 시스템을 구축·운영할 수 있게 되었고, 개인들은 용량에 한계가 없는 이메일 서비스를 사용할 수 있게 되었다. 통신사들은 클라우드의 변화에 대응하기 위해 대용량의 클라우드 스토리지를 개인들에게 무료로 제공하고 있다.

'클라우드'는 벌써 흘러간 트렌드가 아닌가? 아직도 클라우드를 논하냐고 할지도 모른다. 그러나 우리나라에서 클라우드 서비스는 아직 본 게임도 시작되지 않았다고 해도 과언이 아니다.

한편 SW 산업 중 최근 가장 주목받고 있는 분야는 바로 임베디드 SW이다. 스마트 가전, 스마트 자동차, 스마트 팩토리 등 다양한 산업분야와의 융복합을 위한 가장 중요한 기반 기술이기 때문이다. 과거 우리는 자동차를 운전할 때 직접 자동차 키를 넣고 시동을 켜고 페달을 밟아야만 가속시키거나 정지시킬 수 있었다. 지금은 어떠한가? 스마트폰 터치로 자동차 문이 열리는가 하면 버튼만 살짝 눌러도 시동이 켜진다. 최근 출시되는 자동차는 사람의 직접적인 조작 없이도 스스로 판단하고 움직이도록 프로그래밍되어 있어 사람의 실수를 방지해주고 있다. 전형적인 제조산업이라고 볼 수 있는 자동차 산업과 ICT 기술의 융복합이 일어나고 있는 것이다.

미국의 전기자동차 회사인 테슬라 모터스는 컴퓨터 전공자들이 참여하여 창업한 후 세상에 없던 자동차를 만들어 냈다. 이들이 개발한 자동차는 자동차를 이루는 HW와 차량 제어를 맡고 있는 SW 비중이 거의 동등하다고 한다.[9] 테슬라가 만든 자동차 생산액을 통계로 만든다고 할 때 제조산업으로 분류해야 할까? ICT 산업으로 분류해야 할

---

9. '테슬라, 자동차를 코딩하다', http://www.bloter.net/archives/212745, 2015. 09. 14

까? 앞으로 머지않은 미래에 우리는 자동차를 스마트폰처럼 ICT 기기로 인식하게 될지도 모른다.

먼 미국의 이야기가 아닌 가까운 사례로 얼마 전 대기업 SI회사에서 팀을 이전한 개발자가 지능형 빌딩 구축 프로젝트를 수행하고 있다고 들었다. 그는 얼마 전까지 패션업계 ERP를 구축사업에 참여했던 파트 리더였는데 한 순간 빌딩 건설현장에서 근무하면서 주차관제시스템 구축을 맡게 되었다. 안전모와 안전화를 신고 건설현장에서 ICT 프로젝트를 진행하는 것이다. 이 회사는 SI회사이지만 지능형 빌딩 건설 프로젝트 팀을 꾸린지 벌써 3년이 되어 가고 있다.

이처럼 ICT 산업은 지금도 빠르게 변하고 계속 확장 중에 있다. 이렇게 변화하는 세상에서 이 책을 읽고 있는 여러분들은 본인이 경험한 ICT 기술과 SW에 대한 이해를 바탕으로 더 많은 기회를 얻을 수 있을 것이다. 그런 기회가 왔을 때 놓치지 않도록 가진 무기를 더 날카롭게 만들고, 매일매일의 순간에 내 삶을 변화시킬 수 있는 ICT 기술이 무엇인지 찾는 노력을 해야 한다. 내가 가장 잘 알고 잘할 수 있는 것 중에 세상을 변화시킬 그 무언가가 웅크리고 있을지 모르기에.

CHAPTER 05

경영의 역사 100년, 그리고 엔터프라이즈 IT

'IT 책에서 웬 경영을 논하는가? 게다가 100년을?'이라는 생각이 드는가? IT와 경영이 무슨 관계인가 라고 의아해 한다면 컴퓨터가 발명된 이후 IT 기술이 가장 많이 도입되고 활용되는 곳이 바로 기업이라는 사실을 환기하기 바란다. 영리 목적을 가진 기업은 끊임없이 '효율'을 추구할 수밖에 없다. 좀 더 빨리, 좀 더 많이 생산하고 판매하기 위해 기업 경영자들은 IT 기술을 적극적으로 검토하고 도입해왔다.

이 글을 읽는 독자가 만약 기업들이 사용하는 시스템을 개발하는 개발자라면, 또는 설계자라면 이 시스템의 고객인 기업이 어떤 활동을 하는지, 기업 경영이라는 것은 무엇인지 알아두는 것이 당장 오늘의 업무는 아닐지라도 향후 고객을 이해하는 데 많은 도움이 될 것이다.

기업용 SW, HW, 각종 서비스와 시스템으로 넘쳐나는 엔터프라이즈 IT라는 시장에서 살아남기 위해 '경영'이라는 분야가 어떻게 발전해 왔는지 그 100년을 따라가 보자.

경영의 역사 100년[10]

아마도 맥도널드 햄버거를 한 번도 안 먹어본 사람은 거의 없을 것이다. 세계 어디서나 먹을 수 있는 맥도널드의 대표 햄버거 메뉴인 '빅맥'은 우리가 처음 가는 여행지에서 믿고 먹을 수 있는 음식 중 하나이다. 그렇다면 아무런 현지 정보가 없는 상태에서 식사 해결을 위해 큰 고민 없이 맥도널드를 선택할 수 있는 이유는 무엇인가? 맛에 대한 예측이 가능하기 때문이다. 맥도널드와 같은 세계적 체인의 경우 햄버거 패티는 철판에서 몇 분을 구워야 하는지, 굽는 동안 몇 번을 언제 뒤집어야 하는지, 감자튀김은 몇 도에서 몇 분을 튀겨야 하는지에 대한 정교한 매뉴얼을 만들어 두고 이를 전 세계 모든 맥도널드 체인점이 공유한다. 이런 표준화된 매뉴얼 덕분에 우리는 세계 어느 곳에서든 맛있는 빅맥세트를 먹을 수 있다(각 나라의 소비자 입맛에 맞추는 '현지화'라는 경영 기법은 주제와 어긋나 본 글에서는 논외로 하겠다.).

이렇게 작업을 작은 단위로 분리해서 해당 단위작업에 대한 최적의 시간과 방법을 제시하여 어떤 노동자라 하더라도 동일한 생산성과 품질을 보장하는 경영기법, 이것이 바로 경영의 시조라 불리는 '과학적 관리'이론이다. 이 이론은 프레데릭 윈슬로 테일러(1856~1915)에 의해 그 근간이 만들어졌다. 처음 테일러가 한 일은 타임워치를 들고 나가 노동자를 관찰하는 것이었다. 그는 '노동'을 작은 작업단위로 쪼개어 그 단위작업을 어떻게 해야 가장 빨리 효과적으로 할 수 있는지에

---

10. 경영의 세기(스큐어드크레이너, 다난출판사)에서 요약·발췌

대한 매뉴얼을 제시했고, 그제서야 사람들은 노동자별로 달랐던 생산량의 차이에 대해 이해할 수 있었다. 테일러의 과학적 관리이론은 노동을 측정할 수 있는 대상으로 만들어 준 것이다.

테일러가 노동을 관찰하여 작은 단위로 나누었다면 헨리 포드(1863~1947)는 이 작은 단위작업들을 컨베이어 벨트에 올려 생산성을 극대화했다.

1936년 뉴욕에서 개봉한 '모던 타임즈'의 한 장면

포드는 자동차를 보다 저렴하게 출시하기 위해 생산모델을 단순화하고, 생산단계를 총 84단계로 구성하여 생산라인을 구축했다. 모든 작업자들이 마치 모던 타임즈의 한 장면처럼 한 자리에서 자신에게 오는 자동차 부품에 대해서 정해진 작업을 정해진 방법대로 수행하기만 하면 되었다. 포드는 경영의 역사에 한 획을 그은 것으로 평가되었다. 당시 고가로 한정생산을 했기 때문에 특정 사람들의 특권이었던 자동차를 대량 생산해냄으로써 일반인들의 꿈, 즉 원할 때 원하는 곳으로 여행할 수 있다는 꿈을 실현해 준 것이다.

하지만 획기적인 컨베이어 벨트 생산기법으로 큰 성공을 거둔 포드에게도 경쟁자는 나타났는데 바로 GM이었다. 포드의 가장 큰 약점은 대량생산과 저가 실현을 위해 고수한 획일성이었다. 포드는 모델 T의 성공으로 지속적으로 모델 T의 가격을 낮추는 데만 관심을 갖다 보니 소비자의 선택권이 그리 많지 않았다. 여기에 문제가 있다고 생각한 GM은 다양한 모델 출시를 위해 '사업부별 분산화된 조직구성'이라는 경영기법을 적용했다. 현재 대기업에서 다양한 소비자 욕구에 대응하기 위해 다양한 사업부별 브랜드를 보유하고 제품을 출시하는 전략은 바로 GM으로부터 시작된 것이라 볼 수 있다.

포드와 GM이 자동차의 대량생산으로 꿈을 이루던 중에 재밌는 실험 하나가 시작되었는데 바로 '호손실험'[11]이다. 이 실험은 하버드 대학의 엘튼 메이오(1880~1945)가 1924년부터 시작한 실험으로 미국 Western Electric Company의 시카고 호손공장에서 테일러의 과학적 관리이론과 생산성 증대와의 관계를 증명하기 위해 약 8년간 진행되었다. 하지만 이 실험을 통해 밝혀낸 것은 인간관계와 노동생산성의 상관관계였다. 처음에는 조명의 밝기를 조정하면서 생산성의 변화를 알아보려고 했지만, 이 실험에서 생산성의 변화는 실제 개인의 근로의

---

11. 나무위키(http://namu.wiki) 사이트 참조

욕, 비공식적으로 합의된 규범, 심리적 부담 및 자부심 등이 원인으로 밝혀지면서 경영의 역사에서 인간관계학파가 등장하는 계기가 되었다.

과학적 관리기법과 공장에 도입한 컨베이어 벨트로 실현된 대량생산의 꿈은 달콤한 수익과 함께 치명적 부작용을 낳았다. 인간을 생산공정에 필요한 기계적인 부품으로 인식하게 하고, 소비가 미쳐 따라가지 못하는 과잉생산으로 이어져 세계적인 대공황의 발단이 된 것이다.(대공황은 여러 요소가 복합적으로 얽혀 있고, 과잉생산이 그 발단이 되었다고 보는 시각도 있다.[12])

많은 기업들이 문을 닫거나 생산량을 줄이면서 대규모 실업사태를 낳았고, 실업에 의한 소비의 감소는 다시 생산량 축소와 실업을 낳는 악순환을 만들었다. 대공황은 제2차 세계대전(1939~1945)을 통해 극복되기 시작했는데, 전쟁으로 인해 대량의 무기와 물자들이 필요했기 때문이다. 포드나 GM 등은 전투기를 만들어야 했고, 코카콜라와 스팸은 미군을 따라 전 세계로 퍼져나갔다. 이로써 전쟁으로 대공황을 극복한 기업경영자들은 다시 한 번 대량생산의 달콤함을 누리게 되었다.

하지만 소비자들은 이내 기업들이 생산해내는 수많은 생산품들 중에서 내가 원하는 것을 골라야 하는 선택의 어려움에 처하게 됐다. 이때 수많은 공산품 중에서 소비자에게 가장 많은 선택을 받는 제품들이 있었으니 그건 바로 고객들의 머릿속에 각인된 브랜드 제품이었다. 수많은 초콜릿과 햄들 중에서도 소비자들이 가장 먼저 손이 가는 것

---

12. 위키백과 참조(ko.wikipedia.org)

은 세계 각지의 전장에서 먹었던 '허쉬와 스팸'이었다. 기업은 생산하는 제품에 브랜드가 필요하다는 사실을 깨닫게 되었다. 이때부터 기업은 소비자의 머릿속에 자사의 브랜드와 제품을 인식시키기 위해 마케팅을 시작했고, 피터 드러커(Peter Ferdinand Drucker)는 '고객'이라는 개념을 새롭게 등장시키면서 마케팅의 개념이 본격적으로 기업경영에 적용되기 시작했다.

마케팅의 가장 유명한 이론은 1960년 제롬 매카시(Jerome McCathy)가 만든 '마케팅믹스'로서 그는 제품(Product), 가격(Price), 장소(Place), 촉진(Promotion)이라는 마케팅 4P를 제시하여 마케팅 이론을 정립했다.

기업이 제품이 아닌 '고객'을 생각하기 시작하면서 보다 많은 '양'을 추구하기 보다 '고객의 만족과 기쁨'을 추구하기 시작했는데, 이는 기업이 새로운 가치를 만들어내는 '가치생산자'로서의 입장을 갖게 되는 매우 큰 변화라고 할 수 있다. 이런 변화를 겪으면서 기업은 비즈니스 가치에서 '양'을 빼기는 했지만 '생산성 향상'을 포기하지는 않았다. 생산성 향상을 위해 맥그리거(D. McGregor, 1906~1964)는 XY이론으로, 매슬로(A. Maslow, 1908~1970)는 5가지 욕구 피라미드로 동기부여 이론을 정립했다(호손실험에서 밝혀졌던 노동생산성 향상의 원인 중에 하나였던 근로의욕을 높일 수 있는 방안 중 하나가 바로 동기부여였던 점을 기억하자.).

직원들에게 동기를 부여할 수 있는 방법이 무엇인지 고민하는 기업경영자들은 다양한 시도를 하게 된다. 피터 드러커가 주창한 목표에 기반한 관리기법 MBO, 품질향상을 위한 6시그마 등이 그러한 혁신기법들이라고 볼 수 있다.

업무의 효율성을 고민하던 미국 기업을 비롯하여 아시아, 유럽 등의 기업들은 저마다 조금씩 다른 경영기법들을 시도했다. 일본 기업의 경우 일본 자체의 문화와 에드워드 데밍과 주란의 품질향상이론을 접목하여 전자산업에서 매우 뛰어난 성과를 보였는데, 지금의 소니를 있게 한 것도 바로 이러한 시도들 때문이라고 할 수 있다.

1960년대 미국 기업들은 보다 많은 이윤을 위해 군대에서 배운 전략적 이론을 바탕으로 사업다각화를 추진하고 전문경영인을 고용했으나 단기적인 이윤 추구를 하는 전문경영인의 습성상 기업을 탄탄하게 키우기보다는 오히려 망치는 결과를 낳기도 했다. 유럽의 일부학자들은 팀워킹이라는 업무방식을 실험했는데, 팀워킹이란 소규모 팀으로 구성된 작업조직을 통해 각자가 가진 재능을 이끌어냄으로써 조직을 보다 인간적이고 효율적으로 만들어주는 새로운 업무방식을 찾아내는 협력운동이었다. 영국의 사상가였던 레반스(R. Revans)는 행동학습(Action learning)이론[13]을 정립·보급했고, 볼보는 임시공장을 설치하여 12명의 소규모 팀이 하루에 두 대의 트럭을 생산하는 실험을 진행하고 있었다. 이러한 팀워킹 방식과 학습이론은 오늘날의 '지식경영'이라는 경영기법으로 연결되었다.

---

13. Action Learning : "학습자들이 팀을 구성하여 각자 자신의 과제, 또는 팀 전체 가공 동의 과제를 Learning Coach와 함께 정해진 시점까지 해결하는 동시에 지식습득, 질문 및 성찰을 통하여 과제의 내용 측면과 과제 해결 과정을 학습하는 프로세스"를 말한다.

1990년대는 기업경영에서 가장 많은 변화가 있었던 시기라고 볼 수 있다. 그 변화의 기저는 바로 '급격한 디지털화'이다. 그동안의 컴퓨터가 기업경영을 도와주는 지원도구였다면 1990년대에 이르면서 '기업혁명리엔지니어링'이라는 이름으로 IT를 이용하여 기업의 업무프로세스를 새롭게 디자인하려는 시도가 일어났다. 이는 IT 기술이 기업의 새로운 경쟁력이 될 수 있다는 것을 인식했다고 볼 수 있다. 이후 기업들은 생산성 향상은 물론, 기업문화 개선 등 경영 전반에 걸쳐 IT 기술을 접목하여 효과적인 경영혁신을 이루고 있다.

엔터프라이즈 IT 시장의 수많은 시스템들

앞서 경영의 역사 100년을 돌아보면서 기업이윤의 극대화와 존속, 그리고 새로운 가치 창출을 위해 다양한 경영기법들을 발굴하고 또 적용해 왔음을 알 수 있었다. 과학적 관리기법, 사업부별 분산조직 구성, 전략경영, 직원들의 동기 부여를 위한 MBO(Management by Objectives) 등 다양한 혁신을 시도한 것처럼 기업이 IT 기술을 활용함에 있어서도 여러 시도들이 있었고, 이런 시도들은 다양한 시스템의 출현으로 이어졌다. 경영의 각 분야에서 사용되고 있는 엔터프라이즈 IT 시스템들을 살펴보기 위해 일단 기업경영의 '각 분야'라는 것을 한 번 짚고 넘어가보자. 기업의 활동은 고객에게 새로운 가치를 전달하기 위한 가치창출 과정이라는 것에 착안하여 하버드대 마이클 포터 교수는 기업활동을 가치사슬(Value chain)로 표현한 바 있다. 기업들의 경쟁력 분석을 위해 고안했던 이 모형은 기업의 본질을 이해하는 데 많은 도움을 주기 때문에 전략 컨설팅 등 다양한 분야에서 사용되고 있다.

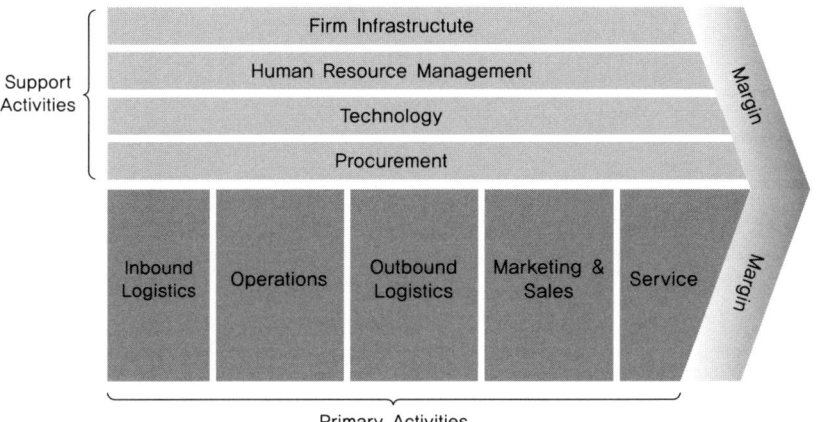

마이클 포터는 이 모형에서 기업의 활동을 본원적 활동과 지원활동으로 나누어 정의했다. 자동차 제조기업의 기업활동을 가치사슬과 연결하여 이해해 보자.

자동차 강판, 타이어, 각종 부품들이 자동차회사로 들어오는 과정이 본원적 활동(Primary Activities)의 맨 왼쪽 Inbound Logistics이다. 이후 자동차를 조립하고 만드는 과정은 Operations이다. 다 만들어진 자동자를 소비자에게 전달하는 것은 Outboud Logistics 영역이며, 소비자에게 제품을 알리고 실질적으로 판매하는 것이 Marketing & Sales 영역이다. Service는 판매 후 수리를 하거나 소모품 교환 등의 고객서비스 영역이다.

---

14. 이미지 출처 : 위키백과(ko.wikipedia.org) 마이클 포터의 가치사슬모형

기업 운영을 위해서는 공장만 있으면 될까? 그렇지 않다. 새로운 제품을 만들기 위한 연구 및 개발(Technology 또는 R&D), 생산을 위한 각종 구매활동(Procurement), 제품을 생산할 직원을 관리하는 업무(Human Resource Management) 등 자동차를 생산하기 위해 지원해야 하는 모든 활동이 바로 Support Activities이다. 이렇게 기업은 고객에게 새로운 가치를 전달하기 위해 많은 활동을 하게 되는데 엔터프라이즈 IT 시장은 이러한 본원적 활동과 지원활동을 효율적으로 할 수 있도록 도와주는 시스템들의 시장이라고 할 수 있다.

그럼 각 분야별로 업무활동들을 도와주는 시스템들은 어떤 것들이 있는지 살펴보자.

활동	활동내용	관련기술 및 시스템
Inbound Logistics (인바운드 물류)	입력은 수신된 저장 및 제조방법에 분산되는 방법을 다루는 활동	• SCM(Supply Chain Management : 생산에 필요한 원자재, 부품 등을 공급업자로부터 원활하게 공급받아 고객에게 전달하기까지 과정의 흐름을 가치사슬로 인지하고 필요한 정보들이 제공되고 흐르게 하는 시스템
Operations (운영)	제품이나 서비스를 생산하는 활동	• MES(Manufacturing Execution System) : 체계적인 생산관리를 위해 작업의 지시, 소요될 자재, 생산에 대한 추적 등 생산과정과 성과 분석을 지원하는 정보시스템
Outbound Logistics (아웃바운드 물류)	수집, 저장, 제품 또는 서비스의 배포를 다루는 활동	• WMS(Warehouse Management System) : 재고관리시스템 • OMS(Order Management System) : 주문관리시스템 • TMS(Transportation Management System) : 운송관리시스템 • EDI(Electronic Data Interchange) : 기업 간, 기업과 행정기관 간의 전자문서교환시스템

Marketing & Sales (마케팅 및 영업)	제품을 고객에게 알려 구매가 가능하도록 하는 활동	• CRM(Customer Relationship Management) : 소비자들을 자신의 고객으로 만들고, 이를 장기간 유지하는 경영방식 • POS(Point of Sales) : 판매시점의 데이터를 직접 리얼타임으로 받아들이고 정보를 처리하는 시스템
Services (서비스)	구입 이후, 고객에게 제품이나 서비스의 가치를 유지시켜 주기 위한 지원 활동	• CTI(Computer-Telephony Integration) : 전화통신 시스템과 컴퓨터 기술을 접목하여 수신되는 전화 정보를 기반으로 고객정보, 이력, 관련 정보 등 더 많은 정보를 제공하도록 하는 기술 • 콜센터관리시스템 : 구입 후 고객으로부터 요청되는 각종 문의, 요청에 대한 대응을 하기 위해 콜센터 사용하는 정보시스템
Procurement (조달)	운영하는 조직에 필요한 자원의 구입에 관한 활동	• 거래처리시스템(TPS, Transaction Processing Systems)[15] : 반복적이고 일상적인 거래를 처리하고 그 거래로 발생하는 여러 가지 데이터를 저장하고 관리하는 정보시스템
Technology (기술개발)	정보관리 및 개발사업 지식기반의 보호와 관련된 활동	• PLM(Product Lifecycle Management) : 제품의 전 생명주기를 통해 제품과 관련된 정보와 프로세스를 관리 • PDM(Product Data Management) : 제품의 설계, 생산 혹은 건설 그리고 유지보수에 필요한 자료나 정보를 관리 • MRP(Material Requirement Planning) : 자재소요계획으로 최종 제품(Final Product 또는 End Product)이 필요한 시점으로부터 해당 제품의 제조 또는 조립에 필요한 하위 부품들이 필요한 시점을 역으로 계산해내는 시스템 • BOM(Bill of Material) : 제품을 구성하는 모든 부품들에 대한 목록을 관리하는 시스템 • 도면관리시스템 : CAD 프로그램과 연계하여 제품의 도면을 관리

---

15. 거래처리시스템(TPS) (기업을 바꾼 10대 정보시스템, 2014. 4. 15., 커뮤니케이션북스)

Human Resource Management (인적자원관리)	채용, 교육 및 인력의 지속적 관리에 관한 활동	• e-HR(Human Resource) : 인적자원관리시스템 • e-Learning System : 직원의 역량 개발을 위해 컴퓨터를 이용한 교육프로그램을 실행하는 온라인학습관리시스템 • MBO(Management by Objectives) : 조직의 목표와 개인의 목표를 명확하게 정의하고 설정하여 모든 구성원이 효과적으로 일을 할 수 있도록 하는 경영혁신기법
Firm Infrastructure	기업활동과 사업자체(예를 들어, 관리, 회계, 법률 및 일반 관리를 지원하는 기능)	• SEM(Trategic Enterprise Management)[16] : 기업의 가치를 극대화하기 위한 방향으로 경영전략을 수립하고 그 전략대로 경영활동이 효과적으로 이루어질 수 있도록 전략중심형 조직을 구축하고 실행하는 경영프로세스와 시스템으로 운영되는 기업경영체계 • BSC(Balanced Score Card) : 회사의 비전과 전략을 재무적 관점, 고객 관점, 내부 프로세스 관점, 학습과 성장의 네 가지 관점에서 측정하고 모니터링할 수 있도록 하는 균형 있는 내적·외적 성과지표 • BI(Business Intelligence) : 기업이 보유하고 있는 수많은 데이터를 정리하고 분석해 기업의 의사결정에 활용하는 일련의 프로세스 • EIS(Executive Information System) : 경영자정보시스템, 관리자정보시스템, 임원정보시스템 등으로 불리며, C레벨 임원 또는 관리자가 전략적인 의사결정을 내리는 데 도움이 되고, 각 사업부의 활동과 성과를 감독하는 데 필요한 정보를 제공하는 시스템 • Groupware : 직원 간의 소통과 협업을 원활하게 해주기 위한 시스템 • EP(Enterprise Portal) : 기업 내 다양한 시스템에 접근을 쉽게 할 수 있도록 관문 역할을 하는 시스템

---

16. 전략적 기업경영(SEM) (기업을 바꾼 10대 정보시스템, 2014. 4. 15., 커뮤니케이션북스)

		• KMS(Knoweldge Management System) : 직원들의 지식을 등록공유하여 효율적인 업무수행을 돕고, 새로운 지식 창출을 통해 조직성과 향상을 지원하는 시스템 • EDMS(Electronic Document Management System) : 기업에서 발생되는 모든 전자문서를 관리하는 시스템 • BPM(Business Process Management) : 최적의 업무프로세스를 설계하고 이에 따라 업무가 진행될 수 있도록 프로세스를 실행하고 모니터링하는 시스템

이외에도 각각 솔루션 벤더들은 자신들만의 경험을 바탕으로 다양한 솔루션을 출시해오고 있으며, 기업 내 전산담당자 또는 업무담당자들은 제각각 시스템에 이름을 붙이기도 하기 때문에 모든 시스템의 이름을 나열하기란 불가능하다. 그러나 기업경영이라는 관점에서 기업들이 어떤 노력들을 해왔고, 그 결과 현재의 기업들이 어떤 활동들을 해왔는지 이해하고 그에 따른 IT 시스템들이 있다는 것을 이해한다면, 앞으로 새롭게 듣게 될 시스템들의 이름을 보다 빠르게 이해할 수 있을 것이다.

위의 표에서 가치사슬모형의 분류에 맞춰 구분이 모호한 시스템이 하나 있는데 바로 ERP다. ERP, Enterprise Resource Planning는 기업 내 생산, 물류, 재무, 회계, 영업과 구매, 재고 등 경영 활동 프로세스들을 통합적으로 연계해 관리해 주며, 기업에서 발생하는 정보들을 서로 공유하고 새로운 정보의 생성과 빠른 의사결정을 도와주는 시스템으로 전사적 자원관리시스템 또는 전사적 통합시스템으로 불린다.

이렇게 기업활동의 전반적인 영역, 즉 생산 · 재무 · 인사 등 대부분의 기업활동에 걸쳐 있기 때문이다. 그러다 보니 ERP는 엔터프라이즈 IT 시장에서 꽤 오래된 역사를 갖고 있다.

1964년 도요타의 생산프로그램 책임자로서 조셉 올리키는 ERP의 원조라 할 수 있는 MRP를 개발했다. MRP는 최종 제품(Final Product 또는 End Product)이 필요한 시점으로부터 해당 제품의 제조 또는 조립에 필요한 하위부품들이 필요한 시점을 역으로 계산해내는 시스템 또는 방법으로 대부분의 제조업체가 직면하는 생산에 관한 문제점을 개선하기 위한 시도였다.

당시에는 기업이라고 하면 대부분 제조업체가 주를 이루고 있었으므로, 최종제품의 생산계획에 따라 그에 필요한 부품소요량의 흐름을 컴퓨터를 이용하여 종합적으로 관리하는 생산관리시스템[17]이었던 MRP는 그 영향력이 매우 컸을 것으로 생각된다. MRP를 기반으로 탄생한 ERP는 1990년대 가트너 그룹이 처음 이 용어를 사용했는데, MRP와 MRPII뿐만 아니라 CIM(Computer Intergrated Manufacturing)까지 포함한 개념이다.

ERP를 논할 때 빠질 수 없는 소프트웨어가 바로 SAP이다. SAP은 1972년 독일에서 IBM을 나온 5명의 엔지니어가 창업하여 고객회사를 위한 회계와 급여처리를 위한 메인 프레임 프로그램을 개발한 것

---

17. [네이버 지식백과] MRP[Material Requirement Program, manufacturing resources planning, Material Requirement Planning] (용어해설)

이 시초이다. 자신들의 고객에게 서비스하던 프로그램을 상용화하여 1973년 SAP R/98이라는 이름으로 출시한 이후 1979년에는 자재관리와 생산계획이 포함된 SAP R/2를, 1992년에는 제조, 영업, 물류/유통, 설비 및 공사관리 기능은 물론 워크플로우 기능까지 포함한 SAP R/3를 출시했다. 이후 전 세계 유수의 대기업에 자사의 제품을 공급하면서 명실공히 ERP 시스템의 1위 업체로 성장했다.

ERP는 재무와 회계가 포함되면서 조직이 크든 작든 기업이라면 반드시 있어야 할 필수시스템으로 자리잡았다. 그리고 한 번 도입되면 교체가 어렵고 업무효율에 매우 큰 영향을 주는 시스템으로 기업활동의 근간으로 자리잡게 된다.

이처럼 기업들은 IT 시스템 없이는 더 이상 일을 할 수 없는 단계에 와 있고, 일부 기업들은 IT 기술을 핵심전략요소로 사용하고 있다. 마치 은행의 IT 시스템이 단순 업무 도구에서 경쟁력의 원천이 된 것처럼 말이다. 은행들은 처음에는 자신들의 업무를 자동화 시켜주고, 누락과 오류를 제거하기 위해 IT 시스템을 구축했지만 이제는 모바일 사용자 고객들을 위한 모바일 뱅킹 서비스를 보다 빨리, 보다 안전하게 만들어 출시해야만 은행들 사이에서 경쟁우위를 차지할 수 있다. 불과 50여 년 전만해도 군과 기업의 전유물이었던 컴퓨터는 이제 일반 개인들이 직접 구매하고 소유하여 언제 어디서나 인터넷에 접속해 정보를 검색하고 활용할 수 있게 되었다.

IT의 변화는 결국 소비자의 변화를 가져오고, 소비자의 변화는 시장의 변화를 가져온다. 기업은 이제 IT의 변화를 빠르게 인식하여 소비자의 욕구를 이해해야만 살아남을 수 있다. 이처럼 급변하는 상황에 따라 기업들이 사용하는 시스템들 역시도 계속 변화하고 그 변화의 양상이 기술의 흐름에서 비즈니스의 흐름으로 이어오면서 시스템 간의 경계가 희미해지고 있다. 여러분들이 만약 엔터프라이즈 IT 시장의 시스템을 개발하거나 서비스하는 회사에 있다면, 무엇보다 비즈니스의 흐름을 잘 이해해야 할 것이다. 결국 엔터프라이즈 IT 시장의 시스템들은 비즈니스의 니즈에 따라 생겨나고 발전되어갈 수밖에 없을 것이므로.

엔터프라이즈 IT와 IBM

엔터프라이즈 IT를 논할 때 빠질 수 없는 회사가 있다. 바로 IBM이다. 1924년 왓슨은 'Computing Tabulating & Recording Company'라는 다소 복잡한 이름의 회사를 'International Business Machines'로 바꾸면서 IBM의 시대를 열었다. IBM은 초기에 계산기를 생산했지만 곧 타이프라이터 사업에 뛰어들었고, 최초로 전동타자기를 개발하게 된다.

1930년대 미국은 깊고 깊은 대공황의 늪에 빠져 있었는데, 이때 루즈벨트 대통령은 대공황의 늪에서 탈출하기 위해 이른바 '뉴딜'이라는 정책을 도입했고 이 뉴딜정책의 일환으로 1937년에 '임금-노동시간규약'을 발표하였다. 이 정책 발표를 보고 IBM은 2천에 달하는 미국인의 고용기록을 만들어 보유하는 일을 처리하기 위한 해결책이 필요하다고 판단했다. 고민 끝에 1939년 왓슨은 하워드 에이킨이 제안한 'Mark 1 제작 프로젝트'를 시작했다. 'Mark 1'은 최초의 기계식 계산기로 4칙연산과 삼각법에 의한 함수계산 등을 수행할 수 있었다. 1944년 IBM은 'Mark 1'을 발매하였고, 1947년 '선택적 연속전자계산기(Selective Sequence Electonic Calculator)'가 그 뒤를 이었다. 이즈음(1946년) 드디어 최초의 컴퓨터라 불리는 ENIAC(Electronic Numerical Integrator and Computer)이 등장한다.

IBM은 지속적으로 컴퓨터에 대한 투자를 통해 이 시장을 장악해나갔다. 한국전쟁 중에 '방어계산기(Defense Calculator)'를 연구하여 1952년 최초의 상업용 컴퓨터 IBM 701을 공개하였다. IBM은 국방프로젝트를 수행하면서 돈과 기술을 축적하여 1964년에는 서로 호환이 가능한 상업용 컴퓨터 360 시리즈를 출시하여 당시 컴퓨터 시장의 70%를 잠식했다.
일반적으로 새로운 기술은 가장 먼저 군에서 개발되어 기업으로, 기업에서 다시 소비자로 이어지는 패턴을 갖는다. 이런 기술의 확장패턴에 맞추어 컴퓨터를 가장 먼저 도입해 사용하던 곳은 군이었다. 이후 컴퓨터 기술이 범용화되면서 기업에서 컴퓨터를 사용하기 시작했고, 좀 더 가격이 낮아지자 개인들까지 컴퓨터를 사용할 수 있게 되었다.

- 계속

IBM은 타이프라이터부터 계산기까지 컴퓨터의 초기모델들을 출시해온 기업으로 다양한 국방 프로젝트를 군과 함께 수행할 수 있었다. 국방 프로젝트에서 쌓은 기술력을 기반으로 일반기업용 중대형 컴퓨터 생산을 하면서 IBM은 컴퓨터 시장에서 독보적인 자리매김을 할 수 있었던 것이다. 물론, 그 이후 일반소비자를 위한 개인용 컴퓨터(Personal Computer)까지 IBM에서 개발하게 된다. IBM은 기업들에게 중대형 컴퓨터를 판매하면서 관련된 소프트웨어와 유지보수 서비스도 통합하여 제공했다. 하지만 이러한 서비스모델이 반독점서비스라는 고소를 당하면서 서비스들을 분리했고, 이를 계기로 현재의 IT 산업 분야가 하드웨어, 소프트웨어, 유지보수 서비스 등으로 분리되어 성장하게 되었다.

IBM은 하드웨어를 팔면서 소프트웨어를 끼워팔았던 기업이다. 가장 먼저 PC를 개발했지만, Microsoft사의 MS-DOS라는 PC Operatiog System 소프트웨어에 밀려 소프트웨어 시장이 열렸을 때 IBM이라는 거인은 쓰러지게 된다. 이후 IBM은 뼈를 깎는 혁신을 통해 철저한 소프트웨어 및 서비스기업으로 탈바꿈하여 새로운 시장을 개척했다.

이렇듯 IBM은 HW회사에서 SW회사로, 다시 HW와 SW를 통합한 종합 IT서비스 기업으로, 또다시 클라우드 전문 기업으로 계속 시장에 대응해 나가면서 세계적인 IT기업으로 그 세를 유지해 오고 있다. 이렇게 오랫동안 ICT 시장에서 거인으로 존재하던 IBM도 변화와 혁신이 빠른 ICT 시장에서 언제까지 존재할 수 있을지는 아무도 예측할 수 없다.

출처. IBM 홈페이지, 위키백과 참조

Part 03
프로젝트 이야기

까칠한 선배들이 들려주는

CHAPTER 06

당신은 화가인가요?

분야를 불문하고 해당 분야의 깊이 있는 내용을 다른 분야의 사람에게 쉽게 설명하기란 여간 어려운 일이 아닐 수 없다. 컴퓨터가 보편화되고 IT라는 용어가 일반화된 현재에도 IT에 대한 설명은 쉽지 않다.

IT를 직업으로 가진 경우, IT의 전문가 입장에서 그렇지 않은 사람에게 IT에 관한 무엇인가를 정확하고 쉽게 설명하는 일은 생각보다 어렵다. 특히 무엇인가에 대해서 구두로 자세히 설명을 하는 것은 여간 어려운 일이 아니다.

보이지 않는 고객의 요구사항 – 미궁의 시작점

무엇인가를 설명하여 이해를 시키고 설득하는 일들 중에 프로젝트의 고객 요구사항에 관련된 일은 빠질 수 없다. 고객의 요구사항은 대부분 추상적이다. 고객이 그들의 요구사항에 대해서 가장 자주 하는 표현은 "잘해 주세요"이다. 이 말 한마디에 우리가 담당해야 하는 업무의 범위는 알 수 없는 미궁이 되어 버린다. 일반적으로 RFP에 고객의 요구사항이 있는데, 이 내용만으로는 고객의 요구사항이 구체적으로 무엇인지 알아내는 것은 무척이나 어렵다.

> RFP에서 나타나 있는 요구사항과 시스템에 관련된 사항 예
> - 고객이 원하는 시스템은 A이다.
> - 더불어 고객사가 이미 가지고 있는 시스템 B가 있다.
> - 이번에 추진하는 프로젝트와 관련된 사항은 C, D이다.
> - 신규 시스템에서 필요로 하는 기능과 기존 시스템과의 Interface로는 F가 있다.
> - 위에서 언급한 요구사항은 00년 00월까지 해야 한다.
> - 요구하는 시스템 구축에 필요한 기술은 G를 사용해야 한다.

시각화 자료를 이용한 요구사항 분석 - 미궁에서 벗어나는 방법

고객의 추상적인 요구사항을 구체화하는 방법에는 여러 가지가 있다. 도식, 도해, 표, 구두발표, 이미 구축된 결과 리뷰 혹은 견학 등이 있을 수 있다. 그 중에서 필자는 프로토타입(Prototype)을 이용한 방법에 대해 설명하고자 한다. 프로토타입이라고 하면 거창한 그 무엇인가를 먼저 떠올리는 경우가 많지만 그닥 어렵거나 번잡하지 않다.

프로토타입을 만드는 도구는 여러 가지인데, 여기서는 프로젝트 초기에 필자가 자주 사용하는 프로토타입을 가지고 설명을 해보려고 한다. 그것은 종이 혹은 화이트보드 같은 것을 이용하는 것이다. 종이나

화이트보드를 이용한 프로토타입은 초기 추상적인 고객의 요구사항뿐 아니라, 비즈니스 업무를 파악하는 데에도 유용하다. 업무를 잘 아는 소수의 인원이 회의실에 모여서 편안한 분위기로 진행하기에 안성맞춤이다. 소수의 인원이다 보니 참여한 사람 간의 친밀도도 높아진다. 무엇보다 다른 도구를 이용하는 것에 비해서 도구에 대한 비용이 저렴하다.

프로토타입을 만드는 여러 가지 도구의 특징들을 살펴보자.

도구	특징	활용 예
종이, 화이트보드	• 특별한 도구가 필요 없으며 비용 저렴 • 관련자 모두가 프로토타입을 직접 만들고 수정할 수 있음	업무 초기 브레인스토밍
Mock-Up	• 정도의 차이는 있지만 물리적 혹은 SW적으로 구현 (만들어짐) 됨 • 다른 프로토타입 대비 많은 비용 필요	입력 화면 및 조회 화면 등
슬라이드 저작 도구	• 프레젠테이션 애플리케이션을 이용한 시각화 • 프로토타입의 수정 및 변경에 대한 부담감이 없음 • 저장 형태의 특징에 따른 복사 및 배포가 편리함	설계서 및 개념도 등의 다이내믹한 자료 작성

실질적인 업무에서 프로토타입 적용 예 - 미궁 탈출 예

초기 고객은 추상적 요구사항만 가지고 있다. 자신이 요구하는 사항에 대해서 구체적으로 동작하는 완성된 시스템을 접하지 못했기 때문이다. 좀 더 자세히 말하면, 타 사업장이나 Reference site 등을 방문해서 어느 정도 유사한 시스템을 경험했을 수는 있으나, 자신의 사업장에 꼭 맞는 시스템은 아직 접한 적이 없기 때문이다.

이런 상황에서 프로토타입은 빛을 발한다.

고객이 필요로 하는 시스템을 박스형태로 표현한다. 관련된 시스템도 같이 표현한다. 시스템에 대한 전체적인 개념을 고객에게 설명하면서 큰 그림에서 시스템에 대한 이해도를 높이는 것이다. 그런 다음 요구사항에 부합하는 세부적인 기능을 하나씩 하나씩 그려간다. 이때 주의사항은 처음부터 조목조목 상세하게 기능구현이 되는 것과 안 되는 것을 구분하여 그리기보다는 고객의 시각에 맞춰서 간결하고 이해하기 쉽게 단순화된 시스템을 그리는 것이 중요하다. 얼토당토않은 기능을 요구하는 것이 아니라면 구현이 불가능한 기능이라 하더라도 그림을 그리고 표시를 해 둔다. 그리고 구현이 불가한 기능은 정확한 이유를 설명하고, 표시해 둔 기능의 그림을 구현 불가라고 수정한다. 요구사항이 구체화될 시스템에 대한 전반적인 설명을 통해서 구체화될 시스템에 대한 고객의 이해도를 높이는 것이 포인트이다.

구체화될 시스템에 대한 이해와 고객이 필요로 하는 요구사항의 결합이 적절하게 이루어지면 고객은 자신이 필요로 하는 요구사항이 무엇인지 좀 더 정확하게 알게 된다. 그리고 세부적인 기능에 대해서 프로토타입을 이용하여 설명하면 고객의 비즈니스 프로세스가 시스템에 어떻게 매칭되어 구현될 것인지를 알게 된다.

시각화된 요구사항의 이해는 프로젝트의 결과물에 대한 신뢰와 구체화될 결과에 대해서 고객 스스로의 믿음을 만들게 된다.

해외 법인과 국내 본사 간에 인터페이스 시스템을 이용해서 해외 법인의 데이터를 국내 본사에 전송하는 프로젝트를 진행한 경우가 있었다. 해외 법인은 국내와 12시간 이상의 시차 때문에 파워포인트 파일을 첨부하여 수 차례 이메일로 진행 과정을 주고받았지만 문제가 좀처럼 해결되지 않았다. 결국 시차를 고려한 적절한 시간에 해외 법인의 담당자, 국내 본사의 담당자, 그리고 개발 담당자가 동시에 참석하는 영상회의를 했다. 여기서 완성된 프로토타입 시스템의 그림을 처음부터 하나씩 그리면서 시스템을 설명함으로써 서로의 입장을 이해하고 시스템에 대한 구체적인 이해를 할 수 있었다. 해외 법인이라는 특수성이 있었지만, 문명의 이기를 활용하여 프로토타입을 담당자에게 보여주고 이를 통해서 고객의 요구사항을 정확하게 파악하고 이해할 수 있었다.

프로토타입을 잘 만드는 요령

화가에게는 예술성과 더불어 많은 노력이 필요하다. 보는 것도 많고 느끼는 것도 많아야 할 것이다. 그리고 무엇보다 동일한 사물을 보더라도 화가 자신이 생각하는 가치의 눈으로 사물을 봄으로써 일반인의 시각과는 차별화된 작품을 창작하게 될 것이다. 그렇다면 IT 화가에게는 어떤 능력이 필요할까?

IT 화가에게 필요한 능력을 알아보자.

첫 번째는 고객의 이야기를 시각화할 수 있는 능력이다.

IT 화가는 고객이 두서없이 하는 이야기를 듣고 정리하고 분류하여 그림을 그려야 한다. 고객은 자신이 필요로 하는 기능을 시스템을 바탕으로 이야기하지 않는다. 따라서 시스템을 개발하고 구현해야 하는 입장에서 이야기를 들어보면 순서가 엉망진창인 것처럼 들릴 수밖에 없다. 어느 정도 업무의 순서에 맞춰서 이야기를 해주겠지만 그것은 실무에 바탕을 둔 순서이지 시스템에 바탕을 둔 것은 아니다. 따라서 고객이 이야기하는 것을 듣고 입력과 출력 그리고 처리에 관련된 사항을 정리하고 비슷하거나 서로 다른 것을 분류하는 능력이 필요하다.

포스트잇을 이용하거나, 한 장의 종이에 하나의 기능을 기술하고 도해화함으로써 프로토타입 만들기 전 준비를 할 수 있다.

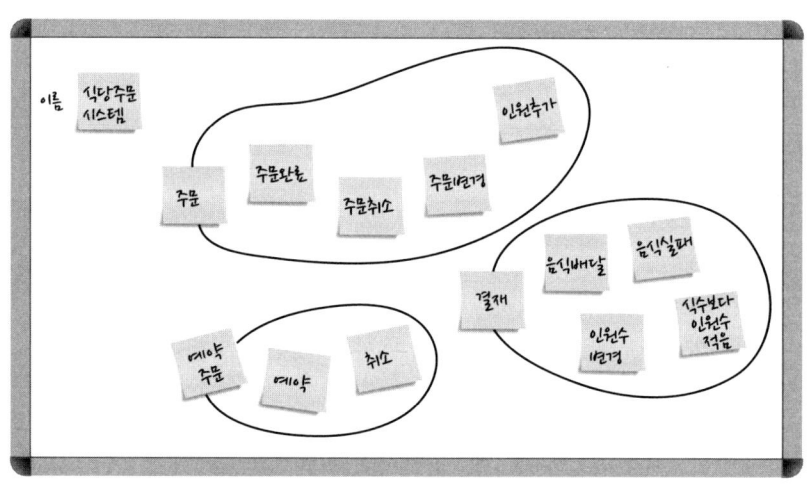

포스트잇을 이용한 예

두 번째는 분류된 기능 간의 관계를 정의하고 기능을 재배치하는 능력이다.

분류된 요구사항에 대해서 시스템과 연계하여 재배치할 수 있어야 한다. 고객이 언급한 요구사항을 고객의 입장에서 분류하였다면 다음

단계는 시스템의 입장에서 기능을 재배치할 수 있어야 한다.

네모 박스에 기능에 대한 정의를 하고 화살표를 이용하여 요구사항에 대한 관계를 정의할 수 있다. 화살표가 반드시 직선일 필요는 없다.

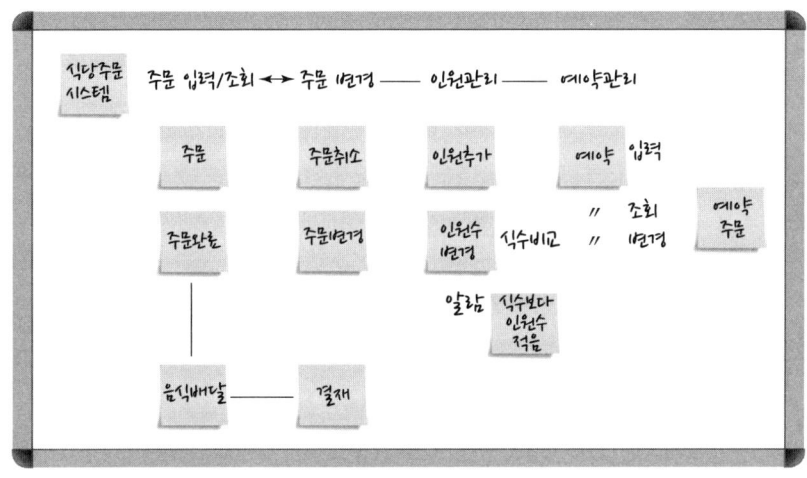

기능에 따른 재배치 예

세 번째는 재배치된 기능에 대해서 R&R(Roll and Responsibility)을 정의하는 능력이다.

재배치된 기능에 대해서 시스템의 이름과 범위를 붙이고 기능을 어느 시스템에 배치할 것인지를 결정해야 한다. 데이터를 주고받을 때 빠뜨려서는 안 되는 데이터가 무엇인지 파악하고 표시를 한다. 특히 데이터를 상대 시스템이 주는 것인지, 아니면 가지고 와야 하는 것인지도 표시한다.

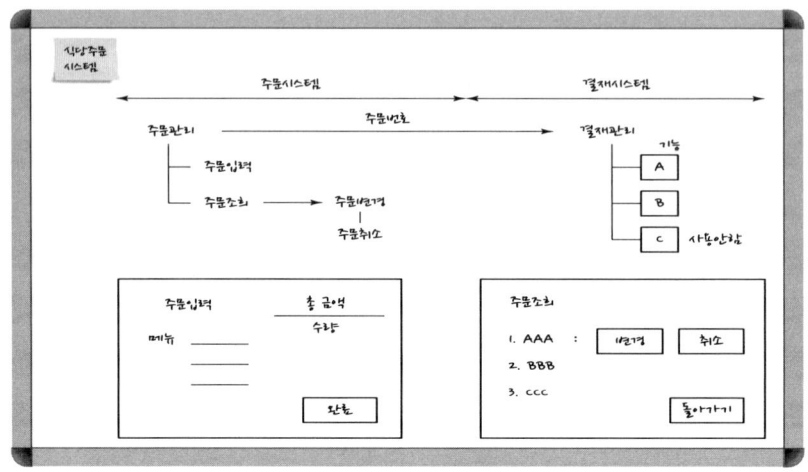

시스템 이름과 데이터 표시 예

멋진 IT화가를 꿈꾸며…

고객의 요구사항을 체계적으로 관리하기 위한 요구공학이 있다. 요구공학에서는 요구사항 도출, 분석, 명세, 검증/확인의 프로세스를 제시하고 있다. 프로토타입은 요구공학의 프로세스를 진행할 때 가려운 부분을 긁어주는 하나의 방안이 될 수 있을 것이다.

필자가 앞서 설명한 기능분류하기, 재배치하기, R&R 정의하기의 3가지 단계가 정답이라고 할 수는 없겠지만, 자신만의 요구사항 분석방법을 만들어서 여러 상황에서 시도해 보고 경험을 통해 숙달하는 과정이 필요하다. 많은 사람들을 만나서 그들이 이야기하는 것을 그림으로 그려보고 그것을 바탕으로 이야기를 풀어나갈 수 있다면 IT의 훌륭한 화가, 즉 IT의 전문가가 될 수 있을 것이다.

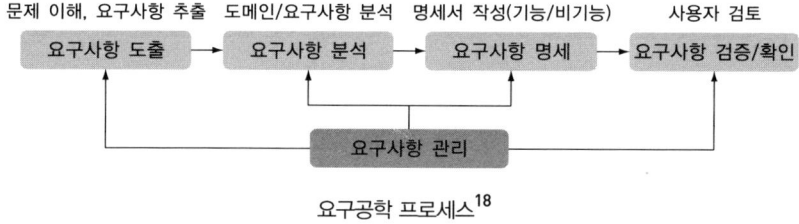

요구공학 프로세스[18]

---

18. 장경애 외, 정보처리기술사(예문사 2012), p29

CHAPTER 07

위기를 기회로 –
시스템적 해법을 제시하자

개발프로젝트, 시스템 운영, 유지 보수 등 IT 업무를 수행하는 과정에서 우리는 많은 문제에 부딪힌다. 간단한 버그나 설정의 문제로 인한 오류, 의사소통의 부재로 인해 요구사항과 전혀 다르게 나온 결과물, 시스템 자체의 결함 등 다양한 문제들을 만나게 되고 이것들을 해결해야 하는 것이다. 특히 PM(Project Manager)이나 PL(Project Leader)과 같은 관리자가 되면 이런 문제들은 문제 자체를 해결하는 것으로 끝나는 것이 아니다.

일반적으로 문제에 부딪히게 되면 원인을 찾아서 고치고, 그 수정이 정확했는지 결과를 확인하는 과정을 통해 해결한다. 하지만 이것은 1차원적인 문제해결이다. 예를 들어 비슷한 유형의 문제가 프로젝트에서 계속 반복된다면 어떻게 될까? 지난주에 발생한 시스템 설정 문제로 테스트 일정이 지연되고 그 문제는 해결되었는데 또 다른 시스템에서 비슷한 설정오류가 재발되었다. 그리고 그것을 해결했더니 이번에는 그 시스템과 연동하는 다른 시스템에서 문제가 발생할 수도 있다. 이렇게 되면 아무리 프로젝트 일정상 여유가 있다고 하더라도 순식간에 일정은 지연되고 전체적으로 프로젝트는 위기상황으로 바뀌어 버린다. 이것은 대형 프로젝트를 진행하다 보면 자주 겪게 되는 문제 중 하나이다.

프로젝트뿐만 아니라 시스템을 운영하는 업무를 하는 도중에도 이런 문제들이 발생할 수 있다. 운영담당자의 변경이나 유지보수업체 변경 후에 조작실수 등의 원인으로 장애가 연속적으로 발생하는 경우, 사소한 변경이 연관된 다른 시스템에서는 치명적 오류를 유발하여 서비스 전체에 지장을 주거나 고객의 클레임을 유발시킬 수 있다.

또는 시스템 변경작업 후 안정화되는 과정에서도 이런 문제들은 발생할 수 있다. 물론 이런 문제들은 사전에 예방을 하는 것이 가장 좋다. 시스템 운영업무에서는 잘 정리된 업무매뉴얼들과 운영프로세스가 필요할 것이고, 프로젝트라면 위험관리를 위한 위험식별, 대응방안을 사전에 잘 준비하면 어느 정도 예방이 가능할 것이다. 하지만 모든 위험이 예방되고 예측한 대로 관리가 된다면 좋겠지만, 결국 예측하지 못했던 일들의 발생으로 또 문제가 생긴다. 그러면 이렇게 하나의 시스템이 하나의 결함으로 발생하는 문제가 아니라 다수의 시스템들이 연관되어 발생하거나 운영조직이 많아 해결의 실마리조차 찾기 어려운 복잡한 문제들은 어떻게 해결할 것인가?

이런 문제를 해결하기 위해서는 한걸음 뒤에서 문제를 보고, 단순한 조치가 아닌 조직을 통한 문제해결방안에 대해 고민해야 한다. 즉 문제를 해결하기 위한 체계, 즉 시스템이 필요하다. 이것을 '시스템적 해결방안'이라고 했을 때 이런 체계란 구체적으로 어떤 것일까? 결국 이런 체계는 문제해결을 위한 일종의 프레임워크이다. 프레임워크는 어떤 것을 개발하거나 생산하기 위한 일종의 틀 같은 것이기도 하고 현상을 바라보는 관점(View Point)이기도 하다. 여기서 말하는 관점은 이전의 경험 또는 이론적 배경을 기반으로 사전에 정의된 '바라보는 기준'이라고 할 수 있다.

예를 들어 낯선 동네에서 점심을 먹으려고 하는데 어느 식당으로 갈 것인지 고민할 때 대부분의 사람들은 자신만의 기준이나 관점을 가지고 식당을 찾을 것이다. 어떤 사람은 사람들의 줄이 긴 식당을, 어떤 사람은 유명 프랜차이즈 식당을, 어떤 사람은 인터넷이나 SNS 등의 후기를 참고해 결정을 한다. 이런 관점이나 기준은 자신의 경험이나 지식을 기반으로 하고 있다. 또한 대부분 한 가지 관점만으로 결정하지 않는다. 우선순위나 기준의 조합을 가지고 최종적 결정에 이르게 된다. 이것이 바로 의사결정 프레임워크의 기본개념이다.

결국 프레임워크란 문제해결을 위해 필요로 하는 의사결정을 위한 판단 기준의 틀, 기준관점인 것이다. 그리고 이런 자신만의 프레임워크를 가지고 체계적인 문제해결방법을 만들어야 하는 것이다. 그렇다면 1차원적 문제해결방법이 아닌 시스템적 문제해결과 프레임워크는 어떤 관계가 있는지 살펴보자.

프레임워크는 그리 어려운 것이 아니다. 문제가 발생하면 대부분 문제상황에만 집중을 하게 되는데, 이러다 보니 전체적인 것은 잊는 경우가 많다. 그것을 포괄하여 문제해결 프레임워크라고 개념화시킨 것이다. 문제가 발생하면 기본적으로 원인을 찾고, 누군가 조치를 해야 된다. 여기서 '누구'에 해당하는 조직이 필요하다. 그리고 원인을 찾고 조치를 취하는 실질적 활동의 순서, 즉 프로세스가 필요하다. 또 간과하기 쉽지만 조치내용을 정리하고 보고하기 위한 산출물이 필요하다.

정리를 하자면 조직, 프로세스, 산출물이 필요한 것이다. 이것이 문제해결을 위한 기본프레임워크이다. 조직, 프로세스, 산출물은 또한 방법론의 기본구성요소이기도 하다(방법론은 일반적으로 여기에 도구, 기법 등이 추가됨). 따라서 문제해결 프레임워크란 특별히 어려운 것이 아니다. 우리가 문제에 부딪히면 굳이 의식하지 못한 채 해오던 것들이다.

그런데 왜 이것을 강조하는가?

일반적으로 복잡한 문제가 발생했을 경우 관리자는 일단 발생한 문제를 해결하는 것에 초점을 두게 된다. 그러다 보니 연관된 담당자, 이해관계자, 체계적인 절차 등을 관리의 시야에서 놓치는 일들이 발생한다. 그리고 그런 것들을 통제하고 관리하기 위한 산출물들은 당연히 간과하게 된다. 그러면 작은 문제를 해결하다가 더 큰 문제를 유발시키게 된다.

예를 들어 특정 애플리케이션의 처리시간이 길어지는 현상이 발생하여 원인을 분석해보니 그 애플리케이션이 설치된 서버의 부하가 예상보다 많아서 애플리케이션의 처리시간이 길어진다는 것을 발견하였다. 일단 부하문제를 해결하기 위해 부하가 높은 서버의 서비스를 부하가 낮은 다른 서버로 급히 옮기기로 결정했다. 이로써 운이 좋으면 전체적으로 부하의 균형이 맞겠지만, 그 서비스가 기존에 있던 서버의 특정 프로세스와 연관이 되어 있어서 서비스의 실행서버를 옮겼더니 처리시간은 더 걸리고, 옮긴 서버에도 부하를 주는 상황이 발생하여 전체적인 시스템을 더 불안한 상태로 만들 수도 있다.

물론 이 예는 약간 극단적이긴 하지만 문제가 발생했을 때 단편적인 시각으로 접근하였을 경우(특정 애플리케이션과 그 서버만 가지고 문제를 해결하려고 할 때) 충분히 발생할 수 있는 상황이다. 이럴 경우 좀 더 넓은 시각의 시스템적 해결법을 적용하면 근본적인 문제해결과 함께 추가적인 문제유발을 예방할 수 있다.

시스템적 해결법은 먼저 문제해결을 위한 조직구성에서 시작된다. 관련된 인원이 서버운영자, 개발자, 사용자, 애플리케이션 전문가 등이라면 해당 애플리케이션의 담당자나 전문가, 그리고 최종 의사결정을 할 수 있는 책임자 등을 포함한 임시조직을 구성한다. 그리고 그들이 실제 해야 하는 작업절차를 정의해야 하는데, 작업절차에는 반드시 시점이 포함되어야 한다. 문제에 대한 분석이나 조치를 위해 시스템을 재가동하거나 서비스의 중지가 발생할 그런 작업이 가능한 시간 등을 고려한 작업시점의 정의 등이 필요하다(이런 시점 정의를 위해서 실제 사용자나 책임자의 승인이 필요할 수도 있다.). 그리고 이런 일련의 작업들을 실수 없이 진행하고 통제하기 위해서는 원인분석서, 작업계획서, 작업 후 테스트를 위한 테스트 시나리오 결과서 등의 산출물

등도 필요하다.

　이처럼 어떤 문제의 해결을 위한 방안으로서 조직, 프로세스, 산출물을 정의하는 것을 시스템적 문제해결방법이라고 정의할 수 있을 것이다. 그렇다고 모든 문제에 대해 항상 시스템적 문제해결방법으로 접근할 필요는 없다. 전체 서비스에 지장을 주지 않고 장애영향이 적은 사소한 오류나 버그 등은 간단한 결함보고서 하나로 마무리할 수 있다. 하지만 이런 장애가 반복적으로 나타나거나, 특히 개발자나 시스템 담당자의 사소한 실수가 반복되는 경우, 또는 전체 서비스에 치명적인 문제가 발생한 경우에는 이런 시스템적 문제해결방법이 필요하다. 운영자나 개발자의 실수가 반복적인 경우에는 그런 실수를 유발하게 되는 원인이 프로젝트 어딘가에는 존재하기 마련이기 때문이다.

　이것은 단순히 담당자에 대한 문책만으로 해결되지 않는다. 담당자가 바뀌면 또 발생하게 될 소지가 많다. 이럴 경우에도 작업매뉴얼의 문제인지, 시스템 아키텍처 자체의 문제인지, 운영소프트웨어의 문제인지 분석하고 조치하기 위한 조직적인 접근과 진단 프로세스, 그리고 진단결과에 대한 확인을 위한 산출물 등을 정의하고 체계적 해결방안을 마련해야 한다. 이것이 바로 시스템적 해결방안인 것이다. 특히 프로세스는 가급적 검증된 것을 제시하도록 한다.

　문제해결을 위해서 하는 진단프로세스도 업무성격이나 시스템 유형에 따라 다양하다. 통신장비나 네트워크 장비, 대용량 서버 등의 경우 제조사에서 제시하는 진단프로그램이나 프로세스 등이 있다. 이런 것들을 활용하거나 검증된 방법론에서 제시하는 프로세스를 제시하는 것이 문제해결에 참여하는 전체조직들의 신뢰를 받을 수 있고 결과에 있어서도 신뢰도가 높아질 수 있다. 그리고 당장 급한 불은 껐지만 장기적으로 신규시스템의 도입이나 투자를 통해서만 근본적인 문제를 해결할 수 있는 경우도 있다. 이때 프로세스상에 단계적 접근방안, 즉시 수행할 과제, 단기수행과제, 중장기수행과제로 나눠서 향후방안을 제시하거나 필요한 비용 등을 제시할 수도 있다.

이런 접근방안을 통해 향후사업을 계획하고 수주할 수 있다면 이것은 문제라는 위기에서 시작해서 새로운 영업기회를 얻은 것이기 때문에 위기에서 기회를 만든 셈이다. 즉, 시스템적 해법을 통해 고객에게 신뢰를 주고 문제를 해결함으로써 새로운 기회를 만들 수 있다.

프로세스	문제해결을 위한 절차, 일정, 시점 등에 대한 제시 필요 단계적 접근 제시, 검증된 프로세스 제시
조직	문제해결을 위해 필요한 인력 구조 및 인력 간 관계 이해당사자, 담당자 정의 및 역할 배분
산출물	문제해결을 위해 필요한 과정상의 산출물 필요 시 제시 특정 산출물을 만드는 것 자체가 문제해결이 될 수도 있음
비용	단기적으로 해결이 불가능한 문제일 경우 예산 비용 제시 필요

CHAPTER 08

5분이면 이해하는
프로젝트 위험관리

    프로젝트를 하다 보면 위험관리라는 말을 많이 듣게 된다. 위험관리는 프로젝트 추진 과정에서 예상되는 각종 돌발상황(위험)을 미리 예상하고 이에 대한 적절한 대책을 수립하는 일련의 활동을 의미한다. 필자가 처음 개발을 시작할 때 위험을 예측해서 관리하겠다고 했을 때 도대체 이해가 되지 않았다. "예측이 되면, 그게 왜 위험하지?"라는 의문이 들었던 것이다. 그리고 그런 의문은 많은 프로젝트 경험을 하고 프로젝트 관리에 대해서 어느 정도 이론적인 학습이 되면서 조금씩 풀리기 시작했다.

    위험관리는 위험이 있을 만한 요소에 대해서 좀 더 관심을 가지고 그것이 발생했을 때 당황하지 않고 대응하기 위해서 필요하다. 단순하게 프로세스적인 측면에서 요약하면 위험관리는 프로젝트에서 발생 가능한 위험요소가 무엇인지 미리 정의하고 주기적으로 관리하는 것이다. 그냥 엑셀로 목록 하나 만들어 놓고 주기적으로 상태를 확인하는 것으로도 기본적인 위험관리는 할 수 있다.

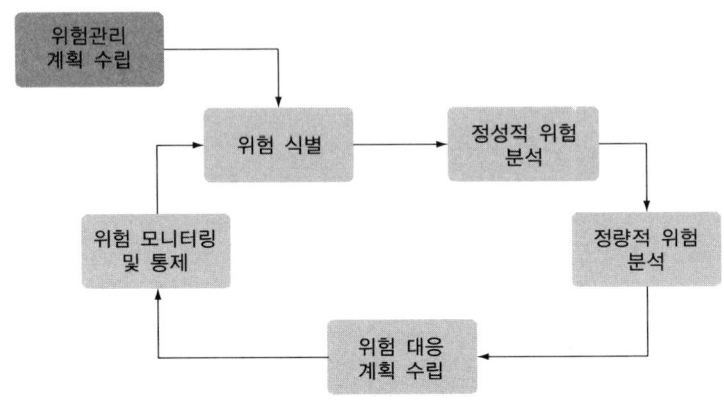

위험관리의 일반적인 절차

　예를 들어 '프로젝트 기간이 짧아서 H/W 서버의 납품이 정해진 기간 내에 어려울 수 있다'고 초기에 판단이 되면 서버 납품 일정을 위험요소로 식별하고 이것을 등록하여 관리하는 것이다. 그리고 주기적으로 담당자에게 납품상황을 확인하도록 한다.

　또 다른 예로 프로젝트에서 웹 기반으로 구축하는데 납품하는 사용자 PC의 브라우저 버전이 최신 버전이라서 기존에 한 번도 적용해 본 적이 없을 경우 기술적인 부분에 대한 위험이 발생할 수 있기 때문에 이런 부분을 위험요소로 식별하고 관리하는 것을 들 수 있다.

　이렇게 어떤 것이 프로젝트에 위험을 줄 수 있는지를 식별하는 단계를 위험 식별이라고 한다.

　이렇게 식별된 위험에 대해서는 영향도를 생각해 볼 수 있다. 위험의 발견되었는데 모든 위험이 모두 동일한 수준의 영향을 주지는 않는다.

아래 표는 약식으로 하는 위험관리의 예시이다. 실제 위험관리는 아래 표보다 좀더 많은 정보를 관리하지만 아래 내용만으로도 충분히 위험관리를 이해할 수 있다.

약식 위험관리 예시

위험 식별					위험 분석		위험 완화/대응 계획	
위험 항목 ID	위험 항목	위험 분류	업무 담당자	위험 식별일	위험 등급	위험 문제화 예상단계	위험 취급 방식	위험 완화/대응계획
RK01	애플리케이션 업무 요건 미확정	제품개발-설계	홍길동	2015-05-16	상	개발	위험 통제	업무요건 일정 지연율이 20% 초과될 경우 업무요건 분석 투입 인력 추가 배치
RK02	보고서 업무 요건 미확정	제품개발-설계	고길동	2015-05-16	상	개발	위험 회피	업무요건 확정 지연 시 요구사항 범위에 대해 재협상
RK03	장비납품 지연	개발환경-시스템자원	홍길동	2015-06-16	중	구현	위험 모니터	선발주 및 주기적인 딜리버리 상황 체크

위험관리의 핵심은 각 위험의 상태를 주기적으로 체크해서 위험이 발생하기 전에 미리 징후를 감지하는 것이다. 실제로 예상했던 위험이 발생하게 되면 그때는 위험이 "이슈"로 바뀌게 된다. 돌이킬 수 없는 사고가 터지고 나서 이슈화시키면 위험관리의 의미가 없다. 즉 위험에서 이슈로 넘어가는 과정에 대한 임계조건을 위험 정의할 때 잘 정리해야 된다. 예를 들어 "납품 위험은 설치하기 1주일 전까지 서버가 선적이 안 되면 이슈화하겠다." 이런 방식으로 사전에 정리를 해야 된다. 설치하는 날 서버가 안 들어 오면 이슈가 되는 게 아니다. 그건 프로젝트를 실패하게 만드는 원인이 된다. 이슈는 그런 사고가 나기 전

에 미리 부각되어야 한다. 이슈가 되면 이때부터는 대응 방안에 따라 대응해야 된다. 위험이든 이슈든 핵심은 전체적인 프로젝트를 예측 가능하게 운영하는 것이다.

　프로젝트를 진행하다 문제가 발생하면 시스템 오픈을 연기할 수도 있고 프로젝트가 아예 중단될 수도 있지만 그것이 계획된 것이라면 대응이 되는 것이지만 계획되지 않은 연기나 중단일 경우 문제가 심각해진다. 이런 부분을 잘 이해하고 각자 프로젝트에서 "위험관리"를 현재 어떻게 하고 있는지, 앞으로 어떤 부분을 더 관심 있게 지켜 봐야 할지 고민해 본다면 성공적으로 프로젝트를 완료할 수 있을 것이다.

CHAPTER 09

우울한 프로젝트에서 벗어나기

고객과 약속한 것이 한정된 자원을 투입해서 정해진 기간에 끝이 나면 다행이나 그렇지 못한 경우에는 문제가 된다. 그 문제가 걷잡을 수 없는 상황이 되어 소위 프로젝트에 경고등이 켜지고 큰 불이 되어 버리면 소방수 역할을 하는 소방수 PM을 투입하게 된다. 따라서 소방수 PM이 투입되는 프로젝트는 어느 누구도 즐겁지 않고 프로젝트의 전체적인 분위기가 어두울 수밖에 없다. 필자는 경고등이 켜지고 소방수 PM이 투입된 상태에 있는 프로젝트를 가리켜 '우울한 프로젝트'라고 부른다.

몇 년 전에 바로 이 우울한 프로젝트에 갑작스럽게 투입된 적이 있다. 당시 그 프로젝트의 우울했던 분위기와 그것을 극복하고 프로젝트를 종료할 수 있었던 경험을 이야기해 보려고 한다.(편의상 그 프로젝트를 'A프로젝트'라 하자.)

얼마 전에 인터넷에서 프로젝트의 실패에 대한 기사를 봤다(http://

ciobiz.etnews.com/20090830120010). 국내 대규모 기업에서 진행한 차세대 프로젝트 중 문제가 발생한 원인에 대한 내용인데, 프로젝트의 실패 원인 3가지는 잘못된 주 사업자 선정, 리더십 부족, 커뮤니케이션 부족이라는 것이다. 기사를 보며 과거의 A프로젝트가 생각났다. A프로젝트는 차세대 프로젝트의 범위, 기간, 투입된 인력, 자원과 비용 등 규모 면에서 비교 대상은 아니다. 하지만 실패 원인에 대해서는 공감이 되었고 그 중에서도 리더십 부족과 커뮤니케이션의 부족은 깊이 공감이 되었다. A프로젝트에 투입되었을 때 고객사의 담당자조차 커뮤니케이션이 너무나 부족했다고 이야기를 했었기 때문이다.

A프로젝트에서 리더십 부재와 커뮤니케이션 부재는 여러 가지 문제를 발생시켰다고 생각한다. 발생한 여러 가지 문제를 PMBOK의 9가지 영역 중 범위, 일정, 비용의 영역에서 당시 분위기를 되짚어 보자.

범위

일반적으로 고객의 요구사항은 계속 변한다. 때문에 PM은 요구사항을 어느 정도 선까지 수용할 것인지를 결정해야 한다. 변경 규모가 아무리 작아도 이것이 모이면 감당할 수 없는 요구사항이 된다. 당시 A프로젝트에서는 고객의 요구사항이 프로젝트 초기에 비해서 많이 변해 있었다.

프로젝트 초기부터 있었던 요구사항이 끝까지 해결되지 않고 남아 있는 것도 있었고, 중도에 추가되어서 미결상태로 남아있기도 했다. 마지막까지 남아 있던 요구사항은 어떤 이유에서든 해결하기 어려운 것들뿐이었다.

일정

프로젝트의 일정관리는 특정 시점마다 정의된 결과를 만들어 내고, 약속한 날짜에는 프로젝트를 종료하고 철수하는 것이다. 프로젝트의 종료일자는 고객사, 협력사 등 관련자 모두에게 중요하다. A프로젝트의 계약 초기에 계획했던 시작일과 종료일을 확인했다. 필자가 투입되었던 시점은 프로젝트 종료일을 두 달 이상 넘긴 시점이었다. 일정이 지연된 원인과 사연을 확인했다. 고객사의 요구사항 변경도 원인이지만, 만들려고 시도했던 기능과 원하는 결과물에 대해 너무 많은 시행착오를 겪은 것도 주요한 원인이었다.

비용

프로젝트 초기에 할당된 비용은 프로젝트를 진행하면서 서서히 줄어든다. 대부분 빠듯한 비용이 할당되고 프로젝트 후반부로 갈수록 비용의 압박이 발생한다. A프로젝트는 이미 일정이 지연된 상황이니 프로젝트 비용은 당연히 바닥나 있었다. 고객사는 A프로젝트에 대해서는 더 이상의 추가 투자는 없다고 선언한 상태였으므로, 프로젝트를 종료하기 위한 추가 비용 마련이 쉽지 않았다.

프로젝트의 계약 관계를 확인했더니 A프로젝트는 계약 단계가 복잡했다. 소위 계약 관계를 표현할 때 갑-을-병이라는 단계로 보면 A프로젝트는 무려 5단계까지 구성되어 있었다. 계약관계가 복잡하다는 것은 곧 서류에 결재를 해야 하는 결재선이 길다는 뜻이다. 예를 들어 어떠한 결재 서류에 결재를 10명이 하는 경우 책임지는 사람은 누구일까? 답은 '아무도 책임을 지지 않는다.'이다. A프로젝트가 그러했다. 어느 누구도 비용에 대해서 책임을 지거나, 책임감 있게 이야기하는 사람이 없었다.

정리하자면 A프로젝트의 일정은 이미 두 달이나 지연되었으며, 프로젝트에 할당된 비용은 이미 바닥이 나 있었다. 게다가 2년이 넘는 장기계약 프로젝트로 인해서 투입된 인력의 누적된 피로도가 상당했다. 프로젝트 룸에 남아 있는 인력은 몸도 마음도 모두 지칠 대로 지쳐 있었다. 게다가 일부 인력은 프로젝트가 종료도 되지 않은 상태에서 이런저런 이유로 프로젝트에서 철수한 상황이었다.

시작은 대화에서

우울한 프로젝트에서 소방수 PM의 역할은 단 하나다. 그것은 프로젝트 종료이다. 끝내기 위한 방안을 세워야 하는데 쉽지 않았다. 꼬여 있는 실타래처럼 무엇부터 시작해야 풀릴지 알 수가 없었다.

당시 A프로젝트의 상태는 앞서 언급한 대로 관계자 모두가 지쳐 있었다. 다시 말해서 우울한 프로젝트가 되어 버렸지만, 그들 나름대로 프로젝트를 정상적으로 종료하기 위해서 많은 노력을 기울였을 것이다. 그럼에도 불구하고 우울한 프로젝트가 되어 버렸다는 것은 무엇보다 관계자들이 서로의 의견을 좁히지 못했기 때문이다. 많은 대화를 통해서 그들의 처한 상황을 이해하려고 했다.

소방수 PM은 관련된 사람과 많은 시간을 보내야 한다. 우울한 프로젝트를 종료시키기 위해서 방금 도착한 PM에게 관련된 사람이 몰려와서 미주알고주알 다 이야기를 해주겠는가? 그러기를 기대하는 것은 아무래도 무리일 것이다. 소방수 PM은 관련된 사람을 모두 모아서 전반적인 이야기를 경청하고 그 후에는 개별적으로 관련된 사람을 만나는 일을 해야 한다. 그들이 진정으로 원하는 것을 찾아내야 하기 때문이다. 속마음에 있는 이야기를 듣기 위해서는 그들의 시선에서 프로젝트를 같이 바라봐 줄 수 있어야 한다. 지칠 대로 지친 그들에게 위로의 말과 배려도 필요하다.

어느 날 비공식적인 자리에서 고객사의 담당자는 지금의 프로젝트에 투자를 더 하더라도 더 나은 결과를 얻기 어렵다는 것을 알고 있다고 했다. 그리고 프로젝트의 범위는 아니지만 그들에게는 좀 더 실질적이었던 요구사항 한 가지를 언급했다. 그래서 필자는 그 요구사항을 구현하기 위해 필요한 일정과 비용을 추정해서 협력사 담당자와 조용히 이야기를 했다.

당시에 협력사 관계자는 고객이 원하는 것을 만족시킬 수만 있다면 어느 정도 손해를 감수하더라도 A프로젝트에서 발을 빼고 싶어했다. 하지만 고객이 원하는 것이 무엇인지 잘 알 수 없었으며, 무엇보다 고객이 원하는 것을 수용 가능한 비용으로 끝낼 수 있는지에 대해서 확신할 수 없었기 때문에 말을 꺼내기를 주저하고 있었다.

프로젝트 종료를 위한 방안과 명분 그리고 전략

많은 대화를 통해서 그들의 속마음을 어느 정도 파악할 수 있었다. 그들의 이해득실을 따져서 프로젝트를 종료하기 위한 방법을 찾고 A프로젝트 관계자들이 선택할 수 있는 방안을 만들었다. 그리고 방안을 수용할 때 도움을 주기 위한 명분과 명분이 먹혀들 수 있는 전략을 짰다.

프로젝트의 멤버든 고객이든 협력사든 프로젝트의 실무 담당자는 자신의 상사에게 현재의 상황과 이해득실을 설명하고 이를 통해서 해결의 실마리를 마련할 수 있어야 한다. 그들에게 의사결정을 할 수 있는 방안과 명분을 제공함으로써 프로젝트에서 벗어날 수 있는 길을 만들 수 있다.

먼저, 고객사에게는 현재의 상황에서는 어차피 모든 요구사항을 이룰 수 없다는 사실을 설명했고, 고객사 실무담당자와도 프로젝트의 이러한 상황에 대한 이해와 공감대가 형성되었다. 무엇보다 대외적으로 A프로젝트는 종료가 되었으니(많은 사람들의 노력으로 A프로젝트는 종료 처리를 했다.) 고객사가 요구한 실질적인 요구사항을 추진하기 위한 방안을 설명했다.

그리고 동시에 협력사에게는 A프로젝트가 종료는 되었으나 고객사로서는 프로젝트의 가시적인 성과물이 거의 없는 입장임을 언급했다. 고객사는 프로젝트 종료와 더불어 그들의 실질적인 요구사항을 제시했고 이를 추진함으로써 A프로젝트의 결과에 대해서는 문제를 삼지 않겠다는 제안을 협력사에 제시했다. 그리고 이미 프로젝트에서 발을 뺄 수 있다면 어느 정도의 손해를 감수할 수 있다고 했으니, 고객사의 요구사항 추진에 필요한 비용을 계약 비율에 맞춰 투자해 줄 것을 요청하고 협의했다.

이 전략은 주효했고 A프로젝트를 마무리함으로써 결국 우울한 프로젝트에서 모두 벗어날 수 있었다. 프로젝트의 초기 요구사항을 해결해서 프로젝트를 종료한 것이 아니라, 프로젝트와는 조금 다른 성격의 요구사항을 수용함으로써 프로젝트를 종료한 것이다. 생각해 보면 필자의 경우에는 운이 좋은 편이라고 생각한다. 고객을 포함한 협력사 관련자들이 필자가 제안한 방안에 대해 동감하고 수용을 해주었기 때문이다.

소방수가 필요 없는 프로젝트를 위해서

직접적으로 경험을 한 것이든 간접 경험을 통해서 들은 것이든 프로젝트는 많고도 다양하다. 코딩을 하는 프로젝트도 있었고 그렇지 않은 프로젝트도 있었다. 오로지 관리만 하는 프로젝트도 있었다. PM은 프로젝트가 시작되면 그 시점부터 프로젝트를 어떻게 종료시킬 것인지를 생각해야 한다. 정해진 자원을 최대한 활용하여 안정적으로 프로젝트를 종료시킬 의무가 있는 것이다.

그 어떤 프로젝트도 우울한 프로젝트라는 꼬리표를 달고 시작하지는 않는다. 단 한 가지 이유로 멀쩡한 프로젝트가 우울한 프로젝트가 되지도 않는다. 때문에 범위, 일정, 비용, 품질 등에 대한 철저하고도 가시적인 관리가 중요하다. 이러한 관리는 프로젝트가 올바른 방향으로 가기 위한 결정의 단초가 된다. 프로젝트와 관련된 사람들 간의 오해와 불신의 골이 생겨서도 안 되겠지만, 깊어지는 것을 막을 수 있어야 한다. 그래서 리더십과 커뮤니케이션이 중요하다.

이 순간에도 진행 중인 모든 프로젝트가 일정에 맞춰서 정해진 자원을 모두 소모하고, 안전하고 행복하게 끝나기를 바란다.

CHAPTER 10

회의록, 어떻게 잘 쓸 것인가?

개발프로젝트를 하든 시스템 운영업무를 하든 다양한 업무에서 회의는 필수적이다. 특히 프로젝트가 크면 클수록 다수의 이해당사자들이 참여하는 복잡한 회의가 많아지고 시간도 길어지게 마련이다. 이런 회의의 결과이자 중요한 산출물이 바로 회의록이다.

회의록을 쓰는 원칙으로 딱히 정해진 것은 없지만 육하원칙(1H5W)이 가장 널리 알려져 있다. 육하원칙은 Who(누가), When(언제), Where(어디서), What(무엇을), Why(왜), How(어떻게)를 서술하는 방식이다. 어떤 사건을 기록하는 가장 보편적인 원칙이기도 하다. 하지만 대부분의 회의록은 양식에서 이런 부분들을 포함한다. 참석자, 회의일시, 장소, 회의내용, 합의결과, 향후 일정 등을 쓰도록 회의록 양식을 사전에 준비하기 때문에 이런 것들이 빠지는 회의록을 작성하지는 않는다.

하지만 이런 눈에 보이는 항목들 외에 반드시 기록해야 하는 부분들이 있다. 이런 내용을 알기 위해서는 회의 자체에 대한 이해가 필요하다. 왜 회의를 하고 회의가 남기는 공식적인 것과 비공식적인 것, 회의록에만 남겨지는 것들을 알아야 회의록에 어떤 내용을 남겨야 되는지 이해할 수 있다.

모든 회의가 동일한 목적이나 유형은 아니다. 이해당사자 간 상충된 의견들을 조율하여 합의에 이르게 하거나 절충안을 찾기 위한 회의(이런 유형의 회의들은 쉽게 끝나지 않고 2차, 3차 회의를 계속 진행하는 경우도 있다)도 있고, 꼭 어떤 합의를 도출한다기보다는 타 부서의 의견을 개진하거나 상관의 일방적 업무지시를 위한 회의 등 여러 가지 종류의 회의가 있다.

프로젝트 기간 중에 하는 회의 역시 여러 가지 유형들이 있겠지만 특히 프로젝트 구축에 중요한 의사결정을 하기 위한 회의들이 많다. 이런 회의에서 결과가 도출되면 그것은 프로젝트 구축을 위한 산출물로 표현이 된다.

한 가지 예를 들어보자. 콜센터상담애플리케이션을 만드는 프로젝트에서 CRM(Customer Relations Management, 고객관계관리) 시스템과 콜센터시스템 간의 인터페이스 방식에 대한 결정을 하기 위해 회의를 하게 되면 그 회의는 실제로는 인터페이스 정의서를 만들기 위한 회의인 것이다. 회의는 다행이 큰 이견 없이 끝났고 콜센터 개발팀에서 제시한 방식인 EAI(Enterprise Application Interface, 이기

종 시스템(heterogeneous system) 간의 데이터 전송시스템)를 통해서 연계하기로 결론을 내면 인터페이스 정의서에 그 결과가 기록된다. 즉 회의를 통해 결과적으로 나오는 산출물은 인터페이스 정의서가 되는 것이다.

그럼 회의록은 언제 필요한 것일까? 이런 의사결정을 위한 회의록의 가장 큰 목적은 나중에 이 결론에 대한 근거자료나 결정의 배경으로서 활용하는 것이다. 분명히 회의 중에 콜센터 개발팀에서 EAI를 제시한 이유가 있을 것이다. 개발적인 측면에서 용이함, 유지보수 측면에서의 장점, 비용적인 측면, 프로젝트 범위와의 연관성 등의 다양한 이유가 있었을 것이다. 이런 것들이 회의록에 기록으로 남는 것이다. 그리고 이런 부분들에 대해서 회의에 참석한 이해당사자들이 서로 공감한 부분들이나 자신들의 입장에서 유리한 점이 있어 합의가 이루어졌을 것이다. 그리고 바로 이런 부분들이 회의록에 기록으로 남아야 하는 것이다.

다시 말해 회의록을 기록하는 목적은 의사결정의 과정과 근거에 대한 자료를 남기는 것이다. 개발 관련 공식 산출물에는 이런 과정들이 표현되지 않는다. 위의 예에서 보면, 인터페이스 정의서에는 최종적으로 합의된 연계방식에 대해서만 기술된다. 그 방식이 왜 선택되었는지에 관해서는 인터페이스 정의서에서 설명되지 않는다. 하지만 프로젝트 후반부에 담당자가 변경되거나, 팀장이 바뀌거나, 내부 감사나 감리과정을 거치면서 왜 이런 식의 결정이 이루어졌는지에 대한 확인요청이 들어왔을 경우 회의록은 매우 중요한 역할을 한다. 특히 그 결정이 비용이나 일정과 관계된 것이라면 더욱더 중요하다.

이제 대략 회의록이 어떤 역할을 하는지 감이 올 것이다. 회의에서 언급된 모든 내용을 기록한다고 해서 훌륭한 회의록은 아니다. 모든 말을 기록하는 것이 필요하다면 그냥 녹음을 하면 된다. 요즘 스마트폰은 대부분 녹음기능을 가지고 있기 때문에 증거가 필요하다면 녹음을 하면 된다.(스마트폰으로 녹음할 경우라면 '비행모드'로 녹음하는 것이 좋다. 그렇지 않으면 회의 도중에 전화나 문자가 올 경우 녹음이 중단되거나 끊길 수 있다.).

하지만 회의록은 증거자료라기 보다 향후 발생할 수 있는 논란의 소지를 없애고 서로의 기억을 보충해 주는 데 더 큰 의미가 있다. 그리고 이를 위해서는 장황하게 쓰지 않더라도 회의록으로서 요긴하게 사용될 수 있게 작성하는 요령이 필요하다. 그 요령의 핵심은 바로 회의의 내용이나 주제에 맞게 관점을 달리 해서 작성하는 것이다.

그럼 그런 회의록을 쓰기 위한 요령을 알아보기 전에 먼저 우리가 프로젝트를 진행하거나 업무를 하면서 부딪히게 되는 회의의 유형에 대해 살펴보자.

첫 번째는 상충하는 몇 가지 방안 중에서 한 가지를 선택하는 유형이다.

다수의 인원과 조직이 참여하는 프로젝트에서는 이런 회의가 가장 많다. 특히 제안하는 내용이 상충되는 다른 부서 간이나 조직의 이해관계가 다른 경우 회의를 통한 결정은 더욱더 어려워진다. 결국 이런 회의에서 가장 중요한 것은 어떤 안이 선택되기까지의 과정이다. 누군가 1번 안을 제시하면서 그 이유를 설명할 것이고, 그에 맞서 다른 편에서는 그 안의 문제점을 이야기하면서 다른 안을 제시할 것이다. 이런 식으로 다양한 안들에 대한 이유와 그에 맞선 문제점들을 늘어 놓고 그중에서 가장 합당한 안을 찾는 방식으로 진행되는 과정이 바로 회의의 핵심이기 때문이다.

따라서 이런 회의에서의 회의록은 결국 누가 어떤 안을 어떤 이유로 지지하고 어떤 이유로 반대하는지를 기록해야 한다. 이런 회의록은 절대 결과 중심으로 작성되어서는 안 된다. 실제로 10명이 참석해서 2시간 이상 진행한 회의에서 겨우 1개의 의사결정만 이루어졌을 수도 있다. 만약 중요한 안건이었다면 프로젝트 관리자 입장에서는 아주 흡족했을 수도 있고 '결론은 1번안'이라는 식의 간단한 내용일 수 있다.

하지만 회의록에 이런 식으로 달랑 한 줄을 쓸 수는 없다. 결정된 안에 맞섰던 대안들이나 후보안들에 관해 왜 탈락되었는지에 대해 반드시 기록을 남겨야 한다. 특히 누가 어떤 안에 대해 어떤 의사표시를 했는지 반드시 기록해야 나중에 그 회의록을 참고할 때 회의록으로서의 가치가 있게 된다. 특히 '누가'라는 부분이 중요한 것은 추후에 다른 부서에서 이의 제기를 하는 경우 그 회의록에 해당 부서의 대표가 직접 그 내용에 대해 언급했던 자료가 있으면 그 회의록은 막강한 의미를 갖게 되고 그 부서는 이의를 제기하기 어렵게 된다.

두 번째는 업무지시형 회의이다.

프로젝트와 관련하여 규제부서(보안부서나 품질부서 등)에서 내부 규정이나 지침 등을 전달하거나 부서장이나 관련 팀장이 경영진의 의견이나 고객사의 의견 등을 일방적으로 하달하는 이런 회의들은 사실 회의록 작성이 어렵지 않다. 회의 주최자의 지시사항만 잘 정리하면 되기 때문이다. 단지 주의할 점은 지시에 따른 후속조치에 관한 내용의 정리이다. 전달받은 즉시 무엇인가를 해야 하고 그에 대한 피드백이 필요한 업무인지, 아니면 평소에 꾸준히 주의를 기울여야 하는 내용인지 잘 판단해서 회의록에 구분하여 정리하는 것이 중요하다.

예를 들어 팀장이 "최근 개인정보관리가 중요하므로 프로젝트에 투입된 개발자들은 PC에 대한 보안 관련 준수사항을 잘 지키고, 담당 PM(Project Manager)은 이에 대한 일일보안점검표를 작성해서 보고하라"는 지시를 했다면 보안 관련 준수사항을 잘 지키는 것은 평소 꾸준히 해야 되는 것이다. 반면 보안점검표 작성 및 보고는 기한이 정해진 업무에 해당되므로 이런 내용은 회의록 마지막 부분에 '향후작업' 등으로 구분해 정리해 두는 것이 좋다. 특히 향후작업 부분에는 반드시 담당자와 종료기간을 명시해야 한다. 만약 팀장이 위의 지시처럼 언제까지라는 언급을 하지 않았다면 회의 중에 질문을 통해 기한을 물어보아 확실하게 명시해 두는 것이 좋다.

세 번째는 부서 간 의견조율을 위한 유형이다.
이것은 첫 번째 회의유형과 비슷하나 조금 차이가 있는데, 제로섬게임에서 누군가 조금 더 많이 가져가는 것과 비슷하다. 결국 다른 사람들에게 약간의 손해가 발생할 수 있는 것이다. 간단히 말해 타 부서나 팀에게 우리 부서나 팀의 이익을 위해 손해를 감수하기를 요청하는 것이다. 이런 유형의 회의는 회의 자체도 힘들지만 회의록 작성도 무척 까다롭다. 왜냐하면 회의록에 대한 최종합의를 상대방과 해야 하기 때문이다. 회의에서는 대충 말로 두루뭉술하게 넘어갔던 부분도 회의록에 문자화되면서 다시 의견의 대립이 발생할 수 있기 때문이다.

이때 가장 주의해야 할 점은 바로 명확해야 한다는 것이다. 어차피 전쟁은 시작된 것이고 그 전쟁은 어느 한 편은 피를 봐야 하는 상황이므로 회의록에 명확하게 결과를 쓰는 것이 가장 중요하다. 따라서 이 회의에서는 과정보다 결과가 훨씬 중요하다. 결과적으로 어떤 부서에서는 이렇게 하고 또 다른 부서에서는 이렇게 하기로 했다고 분명히 언급하고 회의록에 서명을 받아 서로 확인하는 것이 핵심이다. 어차피 과정보다는 승자와 패자, 이익을 보는 쪽과 손해를 감수하는 쪽이 발생하기 때문이다. 그러므로 이런 회의록은 과감해야 하고 시기적절해야 한다. 회의가 끝나면 최단시간 안에 회의록을 작성하고 서명을 받는 것이 중요하다.

네 번째는 과정상 필요한 회의이다.

타 부서의 협조가 필요한 회의이지만 굳이 타 부서에 손해를 감수하도록 요청할 필요는 없는 경우이다. 예를 들어 전사마케팅을 개선하기 위한 솔루션을 도입한다고 하면 마케팅과 간접적인 관계가 있는 영업지원부서나 고객센터 관계자들에게 앞으로 이런 프로젝트가 진행되니 요구사항 도출이나 향후 테스트 등에 지원을 부탁한다거나 프로젝트 개요 등을 설명하고 동의를 구하여 향후 프로젝트를 진행하면서 협조체계를 구축하는 데 도움을 줄 수 있다.

실제 대형 기업에서 프로젝트를 하다 보면 연관부서 간에 의견협조가 안 되어서 프로젝트 막판에 힘들어지는 경우가 많다. 이런 회의록은 이견을 조율하는 부분이 없기 때문에 누가 참석하고 언제 했는지 등의 일반적인 기록사항 등이 주요부분이다. 그리고 회의록 제목도 회차를 적어주거나 해서 이런 과정을 다수 진행했음을 강조하는 편이 좋다. 예를 들어 '마케팅 솔루션 도입유관부서협의(3차)' 식으로 적는 것이 좋다.

이상에서 살펴본 회의 유형에 따라 회의록을 작성할 때 공통적으로 주의해야 할 부분이 있다. 그것은 바로 회의에 대한 결론을 정리하는 것이다. 회의는 한 번에 끝나지 않고 관련 사항을 여러 번에 나눠서 점진적으로 진행해야 하는 경우가 많다. 이때 현재의 회의를 마무리 짓는 것이 필요하다. 적어도 이번 회의에서는 어디까지 합의가 되었고 남은 것은 무엇인지가 정리가 되어야 한다. 하지만 이 부분은 회의하는 과정에서 협의가 이루어지지 않으면 회의록에 쓸 수가 없다. 즉, 회의록에 결론이 없는 경우(정리가 안 되는 경우)는 회의 자체가 잘못되었을 확률이 높다. 회의가 흐지부지하게 끝나거나 정리가 되지 않으면 좋은 회의록을 쓸 수 없는 상황이 발생하는 것이다. 그렇기 때문에 회의주관자는 항상 회의의 마무리를 잘해야 한다. 회의 이후에 해야 할 작업들이 발생할 경우 반드시 기한과 담당자를 지정할 수 있도록 회의를 이끌어야 한다. 그런 부분들이 회의 중에 나오지 않으면 회의진행자나 회의록을 작성하는 서기가 회의 이후에라도 확인을 해야 한다. 결론적으로 좋은 회의록을 쓰는 가장 좋은 방법은 회의를 잘하는 것이다.

일반적인 기업의 회의록 양식

회 의 록

프로젝트명				고객사명		
프로젝트코드				PM명		
작성자	MR.OOX			작성일	YYYY.MM.DD	
관리번호	YYYY.MM.DD					
회의일시				회의장소		

참 석 자					
회사(부서)	이름, 직위	서명	회사(부서)	이름, 직위	서명

복사본 배포대상	회의자료 :

안건 / 내용

안건명 :

이슈사항

합의사항

조 치 사 항

번호	담당자	내용	예정일	종결일	종결 확인

Part 04
IT 생존 이야기

까칠한 선배들이 들려주는

CHAPTER 11

나는 3류다

언제부터인가 우리나라는 어디에서든 이런저런 유형의 줄세우기를 즐기고 있다. 사람에게도, 학교에도, 직업에도, 나라에도. 그 중에서도 가장 심한 줄세우기는 학교, 특히 대학일 것이다. 좋은 대학을 보내려는 일념으로 투자하는 사교육비 때문에 아이를 낳지 않는다는 말이 있을 정도이니 말이다. 이런 중요한 항목에서 필자는 아래 표에 따르면 60점 또는 기타 대학을 나온 사람으로 줄이 세워진다. 그러니 어디 가서 3류라고 말하기도 곤란하고 등외 혹은 열외라고 해야 할 것이다. 하지만, 일반적으로 '3류'라고 했을 때 세 번째란 의미만 있는 것이 아니고 더 내려갈 곳 없는 바닥이라는 의미도 포함되어 있으니 중의적 표현으로 그냥 써도 무방하단 생각이다.

2003년도 A대기업 하반기 입사 내부사정기준

항목	내용						기타 고려사항
	100점	90점	80점	70점	60점	50점	- 야간대 출신자, 어학점수미비자 제외
학교(35%)	서울대 연세대(본교) 고려대(본교) KAIST 포항공대	서강대, 한양대(본교) 성균관대, 중앙대(본교) 인하대(공대) 아주대(공대) 외국어대(본교), 경북대 부산대, 서울시립대	경희대, 인하대 광운대, 국민대 건국대, 동국대 단국대, 홍익대 아주대, 이화여대	S대, M대, S대 C대, C대, J대 Y대(분교), K대(분교) H대(분교), J대(분교) H대(분교), H대, S대 S여대, S여대	Y대, C대, U대 K대, S대, J대 K대, J대, J대 S산업대, B대 K대, K대, K공대 S여대	기타 대학	- 장애인, 외국인적, 보훈대상자 우대 - 외국어 우수자 우대 (외국거주, 제2외국어) - 자격증 소지자 참조 - 석사학위 소지자는 74년생까지 - 해외대학 출신자는 별도로 전형 - 우수대학교 출신자는 74년생까지
대학성적(30%)	100점으로 환산하여 30% 반영						
어학성적(30%)	100점으로 환산하여 30% 반영(토익 또는 토플)						
연령점수(5%)	77년생은 10점			76년생은 5점			

출처. 월간중앙 2003년 12월호, 국가인권위원회

대학별 등급 가중치

구 분	1등급(6개 대)[1]	2등급(13개 대)	3등급	4등급
대학명	서울대, 연세대, 고려대, 서강대, 포항공대, 카이스트	건국대, 경북대, 경희대, 단국대, 동국대, 성균관대, 이화여대, 부산대, 서울시립대, 중앙대, 한국외대, 한양대, 홍익대	4년제 기타 대학 (분교 포함)	2년제 대학
가중치(점수)[2]	20점	17점	14점	12점

※ 코리아리크루트(주)가 대학 학력고사 배치표 3개년 분을 분석하여 만든 자료임
주) 1 대학별 등급은 코리아리크루트(주)가 부여한 것임
    2 가중치(점수)는 기업체가 부여한 것임

출처. 국가인권위원회 2005년 3월 26일 보도자료

    이러한 이유에서 필자는 3류다. 필자가 이런 말을 쓰기 시작한 것은 대학교 3학년 때부터였던 것으로 기억한다. 입학 1년 후 군입대를 하고, 3년 후 복학했으나 교통사고를 당해 2년을 더 쉬고 다시 복학했을 때는 실제 입학 후 6년이 지난 상태였다. 7년차 3학년이 되어 복학한 필자에게 예전에는 알지 못했던 많은 것들이 보이기 시작했다. 평온해 보이는 학교에는 서글픈 패배주의의 그림자가 구름처럼 내려앉아 있

었다. 물론, 치열한 노력으로 자신의 길을 열어가는 많은 학생들이 있었지만, 그런 개인의 노력으로 사회에 이미 정착되어 있는 학력차별의 벽을 넘어서는 것은 극히 어려운 일이었다.

'대기업 인사담당자 59%, 지방대 출신 차별했다'[19], '인사담당자 57%, 지방대 출신 차별'[20], '인사담당자 44%, 지방대 출신 차별'[21]. 2005년 영남일보, 2004년 동아일보, 2005년 매일신문의 머리기사이다. 이 기사들을 보면 매년 조금씩 지방대 출신에 대한 차별이 줄어드는 것처럼 보인다. 몇몇 언론 또는 정치인, 경제인들의 입에서는 학력 차별이란 없다는 이야기가 나오고 있다. 앞에서 인용한 대학서열표도 2003년도에 만들어진 것이니 이미 10여 년이나 된 낡은 자료이다. 지금 이런 자료도 공개된 자료방에서 찾기란 어려운 것이다. 그렇다면 우리 사회에서 학력 차별은 사라진 것인가? 애석하게도 2005년도 국가인권인원회의 보도자료에도 똑같은 유형의 문제가 나타난다. '교수의 자살 방조한 대학사회 학벌주의'[22]. 2012년 경향신문 기사이다. 차별을 뚫고 취업에 성공해도 유리천장[23]이 앞을 가로막고 있다. '110

---

19. 영남일보 2002년 10월 1일
20. 동아일보 2004년 8월 31일
21. 매일신문 2005년 10월 13일
22. 경향신문 2010년 10월 24일
23. 유리천장(Glass Ceiling)이란 눈으로 보기에는 아무 장벽이 없이 투명해 보이지만, 막상 올라가려면 현실적으로 천장이 유리벽으로 막혀 있어 오를 수 없는 현상을 말한다. 유리천장은 능력과 업적에 관계없이 여성이나 소수민족이 고위직이나 관리직에 오르는 것을 막고 있는 보이지 않는 인위적 장벽(invisible artificial barriers)을 지칭할 때 쓴다. 1986년에 〈월 스트리트 저널(Wall Street Journal)〉에서 처음 사용한 이후 일반화된 것. 아름다운 인재혁명, 정부효, 무한, 2006. 09, p95

만 지방대생이 울고 있다. 취업 차별은 이제 그만'[24], 2012년 조선일보 신년 특집 기사 제목이다. 신문은 현시대를 반영하는 것이니 이러한 기사가 적지 않다는 것은 곧 이러한 문제가 우리 사회에 남아 있다는 것이다. 국가가 공무원 채용 시에 지방대학 출신자에게 가점을 주는 제도를 만들었을 정도니 실은 더 심해졌다고 볼 수도 있다.

우리 사회에서 학벌 또는 학력 문제를 거론하면 꼭 이러한 이야기가 따라 온다. "안 좋은 학교를 나와도, 혹은 아예 학교를 다니지 않아도 성공한 사람들이 많다. 괜한 핑계를 대는 것 아니냐?". 일정 부분 맞는 이야기이다. 극복하고 성공한 사람도 있다. 얼마 전 드라마로 방영되기도 했던 광고천재 이제석, 영화배우 김혜수가 좋아하는 작가라 밝혀 화제가 되었던 사진천재 김아타. 두 분 모두 소위 지잡대[25] 출신으로 외국으로 나가 성공하고 돌아왔다. 기업 쪽에서는 상장기업 임원들의 30% 이상이 지방대 출신이라 하니 일일이 열거하기가 어렵다.[26] 물론, 부산대나 경북대, 또는 포항공대, KAIST 등 지역중심대학이나 특성화 대학을 제외하면 수치는 크게 떨어지겠지만 과거에 비해 많이 늘어난 것은 사실이다. 하지만, 앞서 거론한 두 분은 국내에서 돌파구를 찾지 못하고 외국으로 나가서 자신의 가치를 인정받은 후에 돌아왔고, 임원들의 지방대 비율 수치는 수도권과 지방 대학의 졸업생 숫자를 감안하면 유의미한 변화가 있었다고 보기 어렵다.

---

24. 조선일보 2011년 12월 31일
25. '지방 잡대학'이란 의미로 사용되는 인터넷 신조어
26. 경향신문 2011년 9월 4일

필자가 생각하는 현실은 이렇다. "10대 대기업 임원 61% SKY (2013년)", "2011년 검사장급 인사 92% SKY", "박근혜 정부 국무위원 61% SKY", "2008년부터 2012년 신규임용판사 80% SKY". 이런 기사를 읽다 보면 우리 나라는 하늘만 있고 땅이 없는 나라일지도 모르겠다는 생각을 하게 된다.

이러한 현실에서 대학을 졸업한 이후에 우리에게 선택권은 없다. 하지만 최소한 그에 대한 대응은 선택 가능한 것이다. 이러한 차별 혹은 차이의 존재보다 더 큰 문제는 최초 대응이 매우 부정적이라는 것이다. 상당수 학생들이 현실을 회피 또는 외면하거나, 패배주의에 젖어드는 성향을 보였다. 특히, 중학교 때 성적이 우수하였고, 지역 명문 고등학교를 졸업한 학생들의 경우 그 성향이 더욱 강하였다.

자기가 원했던 대학에 입학하지 못한 자괴감으로 현실을 받아들이지 못하게 하여 열정과 힘이 넘치는 20대 초반의 1, 2년을 방황하며 보내는 학생들이 적지 않았다. 그 중 몇몇은 휴학을 하고 다시 대입 시험을 준비하거나 현실적인 대안으로 편입학을 준비하기도 하였지만 대다수는 조용히 현실과 싸우며 우리 사회가 인생에서 가장 중요한 승부라고 하는 시험에서의 실패를 이겨내려 노력하였다. 그리고 그 노력을 통해 어느 정도의 시간이 흐른 후에 현실을 이겨 내고 다시 자기의 길을 가게 된다. 이때 가장 빨리 극복하는 사람들에게는 하나의 공통점이 있는데, 바로 현실을 직시하는 것이다.

'S대 갈 성적이 되었는데 형편이 어려워서', 'Y대 갈 수 있었는데 집을 떠날 수 없어서', '고3때 갑자기 몸이 아파서', '시험장에서 배탈을 만나서' 등등. 대학 입학 초기에 이런 얘기들이 많았다. 몇몇은 정말 그랬을 것이다. 몇몇은 인정할 수 없는 현실이 괴로워서 그런 얘기라도 해본 것일 게다. 나머지는 나중에 학벌이란 게 얼마나 사람을 괴롭게 하는지 모르고 평탄하게 사는 사람들이었다. 필자는 그 나머지 사람 중 한 명이었다. 현실 회피는 현재뿐 아니라 미래에도 어두운 그림자를 드리우게 된다. 더 나은 삶을 위한 계획과 준비는 현재 상황에 대한 명확한 인식에서 출발한다. 누구나 한번쯤은 계단을 이용하다 발을 헛디뎌 본 경험이 있을 것이다. 보통의 경우 있다고 생각한 곳에 계단이 있지 않아 발생하는 것이다. 짐이 좀 많아 앞이 잘 보이지 않는 상태에서 계단을 이용할 때 이쯤에서 계단이 있겠지 하고 발을 내밀었을 때 계단이 없거나 높이가 자신이 생각했던 것과 다른 경우 이런 당황스러운 일이 발생하는데, 이런 일은 꼭 실제 계단에서만 발생하는 것이 아니다. 눈에 보이지는 않지만, 한 발 한 발 올라가야 할 인생의 계단에서도 똑같은 일이 발생한다. 첫 발을 내딛는 현재 위치를 정확히 알지 못한다면 단 한 발도 올라서지 못하고 넘어지게 되는 것이다. 자신의 삶을 한 단계 끌어올리고 싶다면 적어도 자신이 계단의 어느 위치에 서 있는지를 명확하게 알아야 한다.

여기까지 읽은 사람들 중 상당수는 이런 얘기를 할 수 있다. "그래서 뭐 어쩌라고?". 그렇다. 이제는 뭐 어쩔 건지를 얘기해보고자 한다. 먼저 아래의 자료를 잠깐 보자. 이것은 사법시험 2012년도 2차 합격자들의 출신학교 통계표이다. 주요 3개 대학이 합격자 중 52%, 상위

10개 대학의 무려 84.6%를 점유하고 있다. 대한민국에서 학벌은 중요하다. 중요한 정보는 독점하고 알짜자리는 자기들끼리 나눠먹는다고 한다. 그렇게 들어왔다. 그런 모습도 많이 봤다. 그래서 이 통계는 의아스럽다. 이상하지 않은가? 사법시험이라 하면 우리나라에서 가장 중요한 시험이라 할 수 있다. 그것은 그래도 공정성이 보장되는 시험이란 얘기다. 물론, 이 시험도 어느 학교 교수님이 출제위원으로 들어가냐에 따라 어느 정도 영향이 있다는 얘기는 들어본 적이 있다. 하지만 설사 그렇다 하더라도 84.6%는 너무 지나친 수치란 생각이다. 더 뼈아픈 2014년도 통계는 따로 설명하지 않겠다. 도대체 이 차이는 어디에서 발생한 것인가? 필자는 오늘 그것을 누구나 관심 있는 돈 얘기를 통해 풀어보고자 한다.

2012년도 사법시험 최종 합격자 출신대학

출신대학명	합격인원	출신대학명	합격인원
서울대학교	109	홍익대학교	3
고려대학교	82	충남대학교	2
연세대학교	72	경원대학교	2
한양대학교	41	성신여자대학교	2
성균관대학교	38	아주대학교	2
이화여자대학교	38	인하대학교	2
경희대학교	17	한동대학교	2
경찰대학	12	제주대학교	1
중앙대학교	11	충북대학교	1
건국대학교	8	한양해양대학교	1
부산대학교	7	인천대학교	1
서강대학교	7	계명대학교	1

동국대학교	6	광운대학교	1
한국외국어대학교	6	명지대학교	1
경북대학교	5	서남대학교	1
숙명여자대학교	4	숭실대학교	1
전남대학교	3	원광대학교	1
전북대학교	3	조선대학교	1
서울시립대학교	3	한국과학기술대학	1
국민대학교	3	기타 4년제대학	1
동아대학교	3	총계	506

자료출처. 법무부 사법시험 통계자료실. 합격자 본인 기재 학력 기준

2014년도 사법시험 최종 합격자 출신대학

출신대학명	합격인원	출신대학명	합격인원
서울대학교	40	경북대학교	2
연세대학교	26	서울시립대학교	2
한양대학교	22	한동대학교	2
성균관대학교	20	강원대학교	1
고려대학교	14	충남대학교	1
부산대학교	12	경성대학교	1
이화여자대학교	12	경원대학교	1
건국대학교	6	단국대학교	1
경찰대학	6	성신여자대학교	1
경희대학교	6	세종대학교	1
동국대학교	5	숙명여자대학교	1
한국외국어대학교	5	영산대학교	1
국민대학교	3	인하대학교	1
동아대학교	3	기타	2
서강대학교	3	총 계	204
중앙대학교	3		

자료출처. 법무부 사법시험 통계자료실. 합격자 본인 기재 학력 기준

다들 적금 하나씩 가지고 있을 것이다. 적금은 돈을 넣어두면 정해진 이율만큼 돈이 불어나서 돌아온다. 15세에 100만 원의 돈을 4%의 복리, 고정이자율로 적립형 적금에 가입한다고 보자. 그 돈은 세전 기준으로 아래 표처럼 불어난다. 20세가 되면 121.6만 원, 25세가 되면 148만 원, 30세가 되면 180만 원이 된다. 현재 금리 수준이 4%라 가정해서 그런 것이지 이 글을 읽는 분들이 15세 때의 금리를 생각하면 금액 차이는 훨씬 커질 것이다. 참고로 필자가 15세 때인 1987년도는 금리가 10%대였다. IMF가 터졌던 1997~8년도는 20%를 넘어선 적도 있었다.

나이	15세	20세	25세	30세
총액	100만 원	121.6만 원	148만 원	180만 원

위 표를 통해 우리는 돈이 어떻게 불어나는지도 알 수 있지만, 다른 사람보다 늦게 적립을 시작하는 경우 얼마나 더 많은 돈을 투자해야 하는지도 알 수 있다. 20세에 시작한다면 121.6만 원, 25세라면 148만 원을 적립해 두어야 15세에 100만 원으로 시작한 사람과 동일한 금액을 30세가 되는 시점에 받을 수 있는 것이다. 즉, 늦게 시작한 만큼 1.21배, 1.48배 많은 투자 없이는 동일한 수익을 얻을 수 없다는 것이다.

이러한 투자 대비 수익표는 과연 돈에만 해당되는 것일까? 필자는 그렇게 생각하지 않는다. 100이란 노력을 15세부터 적립하여 둔다면 그 수익이 어떻게 나타날 것인지 생각해보라. 시작 나이를 15세라 정한 이유는 우리나라 교육 환경에서 소위 1류 대학 입학을 큰 고통 없이 준비할 수 있는 시기를 중학교 2학년으로 봤기 때문이다. 이자율을 산정할 수 없기 때문에 그 수익을 정확히 계산할 수는 없겠지만 최소한 적금수익률과 비슷하거나 오히려 더 큰 격차를 보일 것이다. 노력에 대한 수익률의 차이는 어떤 분야의 역량 차이로 나타난다. 필자는 이 역량 차이를 사법시험 합격자에서 일부 대학이 압도적인 점유율을 차지하는 가장 큰 원인이라 생각한다. 2012년 사법시험 합격자들의 평균 나이는 27.6세이다. 노력의 시작 시점 차이가 이미 큰 역량의 차이로 나타날 수 있는 연령대인 것이다.

어쩌면 "여기까지 읽고서 좋은 대학 나오지 못한 사람은 그럼 다 역량이 부족하단 말이냐?"라고 반론하는 사람이 있을 수 있다. 아니다. 그렇지 않다. 필자는 학벌에 따라 역량이 부족하다는 얘기를 하는 것이 아니다. 적어도 현재의 학습성장구조에 맞추어 누가 더 많은 노력을 투자했고 그 노력을 통한 역량 차이가 있을 수밖에 없다는 말을 하는 것이다. 좋은 대학을 가지 못했어도 그 후 1.2배 아니 2배 이상의 노력을 통해 더 큰 역량을 갖춘 사람도 있다. 사법시험합격자에 많은 지방대 혹은 3류대라 폄하되는 대학 출신자가 포함되어 있음이 그것을 증명하고 있다. 또한, 대학입시가 아닌 자신의 아름다운 삶을 위해 다른 길에서 서울대 아닌, 하버드를 갈 수 있을 수준의 노력을 투입한 많은 청춘들이 있음도 안다. 그들의 다양한 노력을 인정하기 위해 이야기를 하는 것이다.

학력, 학벌 차별은 존재해서는 안 된다. 하지만 노력에 대한 차이도 그러한가? 학벌이 지나치게 많은 영향을 미치고 있는 현재의 부정적 상황은 개선되어야 한다. 현재의 고등교육체계가 잘못되었다는 주장도 많다. 하지만, 그렇다 하더라도 공식적인 교육체계에서 합법적인 노력을 통해 성취한 결과 자체를 부정할 수 없고, 또한 부정해서도 안 된다. 좋은 대학을 나오지 못해서, 소위 3류대를 나와서 사회에서 겪는 어려움이 적지 않다. 자기 실력을 펼치기 전에 이미 평가절하되고, 때로는 그런 실력을 펼칠 기회조차 얻지 못하는 가슴 아픈 일이 많다. 하지만 그것을 이겨내는 방법은 그러한 선입견을 한방에 깰 수 있는 역량을 갖추는 것뿐이다. 그것은 뼈를 깎는 고통을 통해서만 얻어진다. 1.2배, 1.5배의 노력이란 게 어디 쉬운 일인가?

적금 얘기를 하다가 개인의 노력과 투자 얘기를 했다. 선 투입된 자원, 노력의 복리 효과를 IT에 적용해 보면 어떨까?

말콤 그래드웰의 책 아웃라이어에 나오는 1만 시간의 법칙은 모르는 사람이 많지 않을 정도로 유명하다. 그 법칙에선 모차르트, 비틀즈, 빌게이츠, 빌조이 등을 사례로 들며 그들이 최고가 되기까지 1만 시간 이상의 치열한 노력을 했다는 이야기를 전한다. 하지만, 이 책에서 드러내놓고 이야기하지 않은 한 가지가 더 있다. 이 사람들이 모두 다 어린 시절, 최소한 소년 시절부터 그 노력을 시작하였다는 것이다. 오늘날 IT 세상의 위인이라 할 수 있는 세르게이 브린, 래리 페이지, 마크 주커버그는 다를까? 그들도 모두 어린 시절부터 시작하여 1만 시간 이상의 노력을 청년이 된 시점에 채워둔 사람들이다. 필자처럼 마흔이 넘은 혹은 더 많은 연배라면 여기서 또 한 번 좌절이 올 수도 있다. 그 노력을 채우지 못했는데 청년이 훌쩍 넘은 시점에 어떻게 하라고? 그러나 좌절은 포기할 때 오는 것이라 이야기해 주고 싶다. 우리가 모두 IT 세상의 위인으로 살 필요는 없지 않은가? 지금부터 시작해서 포기하지 않고 노력을 한다면 기업을 세우고 나라를 먹여살리는 인재는 못 되더라도 자기 한몸, 자기 가족은 충분히 먹여살리는 인재가 될 수 있다. 일찍 시작하지도 못했고 아직 충분한 노력을 다하지 못한 게 문제가 아니다. 그것을 인지하지 못하고 나보다 일찍 시작하고 더 많이 노력한 사람보다 더 치열하게 더 많이 노력하지 못하는 것이 정말 고민해야 하는 문제이다.

노력은 하고 싶으나 어떻게 나아가야 할지 모르겠다는 분께는 대한민국 명사 천 명의 인터뷰를 통해 도출되었다는 다음 로드맵을 제안해본다.

성공한 이들을 만나 보니 '고수만의 독특한 로드맵'이 있었다. 첫 번째 포인트는 내가 잘하는 걸 발견하여 부단히 달려가는 일이다. 고수들은 자신의 능력을 발견하면 남들보다 두 배는 더 열심히 달려 하루를 48시간으로 산다. 하지만 잘 나가다가 여기 저기 누수가 생기면서 추락하기 마련이다. 이때 고수와 보통 사람의 길이 갈라진다. 고수는 독기를 품고 다시 일어서서 달리는 반면, 보통 사람은 주저앉아 무기력해지거나 잘못된 선택을 한다. 추락했다가 다시 올라서려면 몇 배의 노력이 필요하다. 고수는 다가오는 기회를 결코 놓치지 않는다. 과거의 경험을 살려 쓸데없는 누수를 막고 되는 방향으로 전력 질주한다. 중간에 또다시 어려움이 오지만 그간 쌓인 노하우로 이겨낸다. 여기서 이겨내지 못하고 바닥으로 떨어지면 다시 일어나기가 쉽지 않다. 실패가 거듭되거나, 실패의 강도가 너무 세거나, 너무 늦은 나이에 실패하면 회복이 어렵다. 어려움을 잘 이겨내고 모든 과정을 통과해야 동급 최강이 되는 것이다. 그 다음에도 겸손과 감사로 정상을 지키는 가운데 초심을 잃지 않으며 계속 발전해 나가는 것이 이 로드맵의 피날레이다.[27]

---

27. 대한민국 최고들은 왜 잘하는 것에 미쳤을까, 이근미, 가나북스, 2014, p113

CHAPTER 12

내 인생의 한마디

출처. https://commons.wikimedia.org/wiki/File : Gnarly_Bristlecone_Pine.jpg.
저자 : Rick Goldwaser

이런 나무를 본 적이 있는가?

미국 캘리포니아 비숍 인근 화이트산 해발 3,000m 이상에서 서식하는 브리스틀콘 소나무(bristlecone pine)이다. 현재 최고령 나무는 4,845살로 알려진 '메두살레'이다.

화이트산은 여름에는 고온건조하고 겨울에는 영하 30도까지 떨어지는 혹독한 곳이다. 이 곳의 나무들은 높은 고도에서 풍화되면서 100년에 겨우 3센치미터씩 성장할 뿐이다.

이 나무는 열악한 환경 탓에 성장속도는 더디지만 그 생존력은 대단하다. 나무껍질에 불투수성 수지가 많아 병충해에 강하여 보통의 나무들과 달리 썩지 않는다. 오히려 돌처럼 비바람에 부식되어 독특한 형태를 가진다.

2014년 대한민국 IT 개발자의 현실은 때때로 화이트산의 이 나무들과 별반 다를 바가 없다. IT산업노조가 진보신당과 함께 2010년 4월 IT노동자 1665명을 대상으로 실시한 설문조사에 따르면 이들은 평균 3,000시간 이상을 일하고 있었다. OECD 평균보다 1,200여 시간이나 더 많이 일하고 있는 것이다. 몇 년 전 국책 금융기관 IT 직원이 수년 동안의 야근으로 인한 면역 저하로 폐의 일부를 잘라내는 수술을 받았음에도 불구하고, 회사에서는 기록상 초과근무가 없다는 이유로 산재조차 인정하지 않았다. 필자가 현장에서 개발자로 일하던 2000년대 초반에는 IT 회사에서 평일 야근을 올리는 제도 자체가 없는 경우가 많았다. 있다고 하더라도 대부분 사용하지 않았고 야근 수당이 지급되는 경우에는 부서장 고과에 나쁜 영향을 미친다는 이유로 아예 못 올리게 하는 경우가 많았다. 필자가 일했던 회사는 평일 야근 수당이 아예 없어서 야근 신청을 하지 않았었는데, 제도가 있음에도 사용하지 못하게 하는 회사에 비해서 유사시를 생각하면 차라리 나은 시스템이었다는 생각마저 든다. IT를 4D(3D+Dreamless)라 일컫는 시대 현실에 적절한 이 기사를 보며 과거 힘들었던 개발 현장에서의 경험이 나에게 단지 4D였는지 아니면 나를 키워가는 Development였는지 생각해보았다.

2주면 됩니다

10여 년 전 일이다. 몸담고 있었던 회사에서 전면 외주를 통해 개발하였던 시스템이 오픈 후 불과 몇 시간 만에 전면 붕괴되는 불상사가 있었다. 지금까지 접했던 가장 최악의 프로젝트 참사라 기억되는 이 사건에 내가 휘말려 들어가지만 않았어도 필자는 또 다른 IT 인생을 살고 있지 않았을까 하는 생각을 지금도 가끔 해 본다.

대형 사고였기 때문에 개발부문 임원이 직접 고객사와 협의를 위해 갔는데 그때 필자를 포함하여 2명의 직원이 동행했었다. 협의에 참여하였던 고객사 직원은 우리 회사에 대한 불신과 불만이 하늘을 찌르는 상태였다. 한마디로 '너희들과는 일 못하겠어.' 이거였다. 내부에서 얼마나 많은 질책을 받고 왔을지 충분히 이해가 가는 상황이었다. '이거 쉽지 않겠는데'라고 내심 생각하고 있었는데, 정말 쉽지 않은 상황이 그 다음에 벌어졌다. 고객사에서 우리 회사의 기술력 및 관리력에 불신을 표하자 함께 갔던 임원이 '우리 직원들을 투입하면 2주면 됩니다.'라고 한 것이다. 그 프로젝트는 6~7명의 외주직원이 6개월 동안 참여한 것이었다. 그걸 2주 만에 할 수 있다니. 듣고 있으면서도 귀가

의심스러웠다. 고객사에서 정말 가능하냐고 되묻자, 그 임원은 재차 확인해 주었다. 그리고 그것으로 협의는 끝났다.

우리에게 내려진 오더는 무조건 2주 안에 끝내라는 것이었다. 그것도 2명이서. 결론부터 말하자면 이 상상하기 힘든 일을 우리는 해냈다. 그것도 10여 차례 이상. 시스템 통합(SI; System Integration) 바닥에서 잔뼈가 굵은 분들이면 이미 생각하셨겠지만, 프로젝트를 10여 개 이상으로 쪼개서 닥치는 대로 개발하고 오픈한 것이다. 일단 겉으로는 무언가가 계속 완성되고 보여지니까 일이 제대로 진행되는 것으로 보였을 것이다. 분석, 설계 이 따위 것들 다 집어치우고 그냥 코딩머신이 되어야 했고 디버거가 되어야 했다. 그 이후 접했던 XP(eXtreme Programming)를 몸으로 배웠던 것 같기도 하다. 그렇게 2주에 1번씩 오픈을 해나가는 동안 회사는 나와 함께 일하던 정직원을 빼가고 외주업체직원 7~8명을 투입하였다.

최초에 실패한 이유가 전면 외주화였는데 다시 처음으로 돌아가버린 것이다. 내 한몸 건사하기 힘든 상황에서 외주업체 관리까지 해야 하는 최악의 상황이 된 것이다. IT 외주인력품질은 내가 직접 겪은 바가 있어 크게 기대를 하지 않았었고, 실제로도 크게 어긋나지 않았다. 그 때부터 고객사 사무실 바닥에 신문지를 깔고 자는 일이 많아졌다. 지금 생각하면 왜 그랬을까 싶은데 그 때는 그 상황의 타당성 따위는 따져 묻지 않고 그냥 그랬다. 눈 뜨면 일하고 일하다 자고 자다가 눈 뜨면 다시 일했다. 그러던 어느 날 사직서라는 걸 써서 가슴에 품었다. 이 일만 끝내면 그만두리라. 얄팍한 자존심에 일하다 도망쳤다는 애기는 듣기 싫어서 '이 일만 끝내면'이란 전제를 붙였다.

끝날 것 같지 않던 그 프로젝트는 끝이 났고 나는 사직서를 내지 않았다. 그 일을 통해서 나 자신이 생각했던 것보다 더 강한 사람이란 걸 알게 되었다. 기술력, 관리능력, 스펙 이런 것을 넘어서는 생존력이 내게 있음을 느낀 것이다. 또한, 이러한 경험을 두 번 다시 하지 않기 위한 준비를 이 때부터 시작하였다. 필자는 '한 번은 당해도 두 번은 당하지 않겠다.'는 말을 즐겨 쓴다. 한 번은 모르고 당할 수 있다. 하지만 같은 위험이 또다시 닥쳐오는 걸 알고도 피하지 못한다면 그건 온전히 내 잘못이다.

카드놀이를 하게 되면 바닥에 오픈카드를 놓고 손에 히든카드를 쥐게 된다. 바닥에 있는 오픈카드의 내용도 중요하지만 히든카드가 무엇인지에 따라 판세는 크게 달라진다. 흥미로운 것은 히든카드의 내용이 나쁘더라도 그게 좋은 것이라는 인식을 주변에서 하게 될 때 그 히든카드는 실제 내용과 관계없이 강력한 힘을 발휘하게 된다는 것이다. 바닥의 공개된 카드가 현재의 역량이라면 히든카드는 미래의 역량이다. 미래의 역량은 당연히 현재에 영향을 주며 그 내용과 관계없이 그것이 있게 될 것이라는 추측만으로도 힘이 된다. 현재와 미래의 역량이 모두 있다면 최상이겠지만 그렇지 않다면 당연히 미래의 역량을 키워 현재에 긍정적인 영향을 주어야 한다.

회사일을 하다 보면 정말 내키지 않지만 어쩔 수 없이 해야 하는 경우가 생긴다. 앞에서 언급했던 반 년 넘게 10명이 넘은 인력이 투입되어 개발한 프로그램을 2명이 2주에 끝내야 하는 과업이 그런 경우일 것이다. 그럴 때 그 일을 피할 수 있는 방법에는 어떠한 것이 있을까? 가장 쉽게는 바로 그 자리에서 혹은 그 다음이라도 그것을 이야기한 임원에게 불가능하다는 얘기를 하는 것이다. 난리가 날 것이다. 추가 자원 투입 요청이 좀 더 타당성이 있을 것이다. 물론 쉽지 않다. 이도 저도 안 된다면 회사를 떠나는 극단적인 방법을 선택할 수도 있다. 하지만 이것은 그 뒤의 일이 어떻게 될지 알 수 없다.

회사란 조직에 몸담으면서 나와 관련된 중요한 일을 나의 뜻대로 이끌어가기란 쉬운 일이 아니다. 상사의 의견에 반대하기 위해서는 최소한의 인간적 친분과 공인된 업무 역량이 있어야 가능하다. 관리부서에 자원 추가를 승인받기 위해서는 실증된 데이터와 합리적인 이유 그리고 그것에 힘을 실어줄 수 있는 영향력이 있어야 한다. 회사를 떠나는 것은 오래 전부터 준비하지 않고서야 갑작스레 결정할 수 있는 사안이 아니다. 이런 쉽지 않은 일을 그래도 쉽게 만드는 것은 사전에 필요한 것들을 하나씩 준비해두는 방법밖에는 없다. 그리고 그 방법 중 최후의 수단이 이직이다. 이직을 하라는 것이 아니다. 이직할 수 있는 준비를 하라는 것이다. 경쟁사에서 혹은 다른 분야에서 환영받는 사람은 지금 회사에서도 당연히 환영받는다. 그리고 꼭 회사를 떠나는 이직이 아닌 회사 내에서 다른 유형의 업무를 담당할 수 있는 역량 또한 도움이 된다. 이러한 역량들이 앞에서 언급한 카드 한장 한장이다. 오픈카드로 협상하고, 히든카드로 마무리하는 것은 게임이나 직장생활이나 별반 다르지 않다. 필자는 당시 이러한 카드를 준비하여 가지고 있지 못했기에, 어려운 상황에 제대로 대처하지 못하는 뼈아픈 경험을 할 수밖에 없었다. 하지만 IT 초년병 시절에 미리 이러한 프로젝트를 경험했기 때문에 보다 빨리 준비를 할 수 있었고 나를 지키고 내 삶을 지킬 무언가를 만들어 갈 수 있었다. 그러한 점에서 이 프로젝트는 세월이 흐를수록 더 소중한 경험으로 내게 기억된다.

네가 왜 내 팀이야?

IT 회사는 변화가 빠르다. 사업영역, 조직구조, 인력 구성 모두 빠르게 변한다. 시스템 통합(System Integration)의 경우 장기 파견 근무를 하는 경우가 많기 때문에 몇 개 프로젝트를 연달아 하고 돌아와 보면 심지어 회사가 바뀌어 있는 경우도 있다. 간혹 회사가 망해서 사라지는 일도 있다.

장기 외부 프로젝트를 하고 돌아오니 조직 개편을 통해 팀이 없어져 버렸다. 정확히 말해 없어졌다기보다 통합과 분할을 통해 재편성된 것이다. 필자는 기존 직무가 포함되어 새로 만들어진 팀으로 복귀했다. 그런데 그 팀의 팀장이 나를 보며 네가 왜 내 팀이냐며 의아해하였다. 나 또한 그런 팀장의 반응을 보며 혼란에 빠졌다. 직제상 분명 그 팀으로 복귀해야 하는데 그 팀에서는 아니라고 하는 꽤 당황스러운 상황이었다. 학부에서 경영학을 전공하며 배웠던 조직관리, 인사관리 관점에서 봤을 때는 이것은 분명히 회사에서 정리해줘야 하는데 아직까지 그러한 관리체계가 명확하지 않았던 것이다. 그렇게 소속 없이 며칠을 보내면서 많은 생각을 하게 되었다. 처음의 당황스러움은 짜증으로, 짜증은 노여움과 서러움으로 가지치기를 해갔다. 이 회사에 청춘을 바치며 일하고 있는데 이런 애매한 상황에 둔다는 것이 납득되지 않았다. 얼마 후에 다른 팀으로 옮겨가기는 했지만 이 때의 고민은 나에게 좋은 경험이 되었다.

처음에는 단순한 착오 정도로 생각했지만, 나중에는 냉정하게 자신을 돌아보며 반성할 수 있었다. 필자가 회사에 정말로 가치 있는 직원이었다면 이러한 일이 벌어졌을까 라는 생각과 함께 어쩌면 이 일이 착오가 아닌 정확한 업무집행이었을지도 모른다는 생각도 해보았다. 다시 말해 당시 필자는 회사에 큰 도움이 되지 않는 직원이었던 것이다. 있어도 그만 없어도 그만, 혹은 없으면 더 좋을 사람이었던 것이다. 회사는 직원에게 연봉의 2배 내지 3배의 비용을 투입하고 있다. 회사에서 연봉 3천을 받고 있다면 최소한 6천만 원 많게는 9천만 원의 총비용을 쓰고 있는 것이다. 그렇다면 관리비용, R&D 비용 등을 포함하여 회사가 장기적인 생존을 위한 이익을 내기 위해 Profit Center에 일하는 직원들은 자기 연봉의 최소 10배 정도의 매출을 기록하여야 한다. 이러한 것들을 분명 책을 통해, 사례를 통해 배웠음에도 불구하고 일에 묻혀 살면서 잊고 있었다. 일하는 자체가 중요한 게 아니라 그 일로 인해 회사가 얻을 수 있는 것이 중요한 것이라는 사실을 잊어버리는 순간 단지 소모품으로 전락하고 마는 것이다.

아이러니하게도 이 일을 계기로 필자는 업무량을 줄였다. 예전에는 일을 일로 보지 않고 학습의 연장선이라 생각하고 꼭 내 일이 아니더라도 시간이 된다면 더 많은 일을 하면서 내 역량을 키워나가려 했었다. 하지만, 이 때부터 직접적인 내 업무 이외에는 관여하는 것을 자제하면서 회사의 전략을 이해하고 그 전략에 충실한 직원이 되기 위한 노력에 더 많은 시간을 투자하였다. 그 노력이 결실을 맺기 전에 회사를 떠나게 되었지만 다른 회사로 옮겨갈 때 그 노력은 빛을 발했다.

세상에서 제일 나쁜 일

구분	가치관(상)	가치관(하)
성과(상)	리더	퇴출
성과(하)	교육	자연 도태

위 표는 General Electric 사의 인재를 구분하는 전통적 방식으로 알려진 내용이다. 위 표에서 중점적으로 봐야 하는 것은 성과는 좋으나 좋은 가치관을 가지지 못한 직원에 대한 대응이다. 성과도 나쁘고 가치관도 나쁜 직원은 자연 도태되므로 방치해도 되지만, 성과가 좋고 가치관이 나쁜 경우 회사의 평가시스템이 허점을 통해 조직의 리더로 성장하여 큰 문제를 야기할 위험을 가지고 있어 찾아내어 퇴출시켜야 한다는 것이다.

여기서 이야기하는 '가치관'은 도덕적 관점에서도 볼 수 있지만, 조직의 경우 조직의 비전, 전략, 핵심가치와의 일치 여부라 생각하는 것이 보다 정확할 것이다. 또 확장해서 생각해 보면 고객의 비전, 전략과 내 일과의 정렬(Alignment)의 중요성으로 연계해 갈 수도 있다. 다들 알고 있지만, 쉽게 실천하지 못하는 이것들을 나 역시 실천하지 못함으로써 황당한 일을 당한 적이 있었다. 우리는 GE에서의 분류와 비슷한 의미의 한자를 사용하는 경우가 많다. 위 표와 대입해 보면 이렇게 될 것 같다.

구분	가치관(상)	가치관(하)
성과(상)	人財	人災
성과(하)	人材	人在

모 금융권 프로젝트를 할 때다. 밀린 일이 많아 일찍 나와 일을 하고 있는데 고객사 직원 한 분이 필자 옆에 앉아 질문을 던졌다. "세상에서 제일 나쁜 일이 뭔지 아나?". 그리고 내가 미처 답을 하기도 전에 스스로 답을 내고 자리를 떠났다. "제대로 일하지 못하는 사람이 일을 열심히 하는 것이다." 그 분이 어떤 생각으로 나에게 그런 얘기를 하였는지는 모르겠지만 듣는 입장에선 정말 기분 나쁜 일이었다. 혼자 생각을 해보다가 같이 일하는 고객사 직원에게 그 일을 이야기했더니 곧 회사를 나갈 분이니 신경쓰지 말라고 하였다. 본인이 그러한 사람이라 회사를 떠나게 되어 화풀이로 나에게 그런 얘기를 한 것인지 아니면 정말 자기가 보기에 내가 그런 부류라고 판단되어 교훈을 주려고 한 것인지는 모르겠으나 그 분의 의도와 별개로 나에게는 확실히 좋은 영향을 미쳤다.

10명도 안 되는 작은 회사부터 시작해 몇 번의 이직을 통해 점차 큰 회사로 옮긴 필자는 체계적인 신입직원 양성교육 프로그램도 거치지 못했고 그 흔한 OJT도 제대로 받아본 적이 없었다. 그저 열심히 하면 되겠지라는 생각으로 현장에서 잔뼈를 키워나가고 있었다. 이런 방식은 육체노동과 일부 지식노동이 결합된 고전적인 노동현장에서는 성장의 힘이 되나 IT와 같이 거의 100% 지식노동으로 결합된 산업에서는 자살행위와 같은 업무 형태였다. 이것을 간과하고 있는 나를 그 순간 발견하게 되었다. 참으로 고마운 분이 아닐 수 없다. 지금 어떤 일을 하고 계시는지 모르겠지만 하시는 일 잘 되길 기원해 본다.

공부하는 것과 노는 것의 차이

IT뿐 아니라 모든 업역에서 경력이 좀 쌓여가면서 문제가 되는 것이 외국어, 그 중에서도 영어다. 대부분의 이론, 솔루션, 서비스가 영어권 국가에서 들어오거나 적어도 영어로 된 매뉴얼을 가지고 있다. 또한 이러한 것들과 함께 업무를 하다 보면 필연적으로 외국 엔지니어들과 협업해야 하는 경우가 발생하는데 이게 그리 만만한 일이 아니다. 우리가 외국에 나가 돈을 쓰면서 하는 영어는 대충 얘기해도 상대방이 잘 알아듣고 대응해주지만 업무상 영어, 특히 아쉬운 소리를 해야 하는 상황에서의 영어는 정말 피를 말리는 것이다. 함께 일했던 선배들 상당수가 영어에 능통하여 일하면서 필자가 직접 1:1로 외국 엔지니어들과 맞상대해야 하는 일은 많지 않았다. 아니 많지 않도록 노력했다. 주로 이메일로 의견을 주고받았고, 전화나 대면 협의는 최대한 피했다. 하지만 피해다니는 것도 한계가 있어 어쩔 수 없이 직접 맞부딪혀야 하는 경우에는 그 스트레스가 상당했다. 계속해서 스트레스를 받다가 결국 정면 돌파하기로 결심했다. 어차피 좀 괜찮은 회사를 다니려면 피할 수 없는 일, 피할 수 없다면 최대한 빨리 해결하기로 하고

B어학원 새벽반에 등록했다.

　IT 업계 특성상 프로젝트가 바뀔 때마다 고객사와 가까운 지점으로 옮겨다녔기 때문에 당시 5개였던 어학원 지점을 모두 다니는 기록 아닌 기록과 사내 최장 어학강좌 수강기록을 함께 세웠다. B어학원은 주로 직장인이 많이 다니는 곳이라 영어 외에 많은 것을 배울 수 있었다. 2년 2개월을 다니며 레벨1부터 레벨6까지 갔는데 사실 내 실력은 레벨6에 미치지 못하는 것이었다. 오래 다니다 보니 자발적인 2번의 유급을 거치면서도 밀려 밀려 그 레벨까지 가버렸다. 글로벌어학원이었던 그 곳에는 당시 레벨10까지 과정이 있었는데 국내에서는 레벨 7 이상은 수강생이 확보되지 않아 개설되지 못했다. 그래서 레벨6에는 나같이 밀려서 간 사람과 함께 레벨10 정도의 초고수도 함께 수업을 들었다. 그 곳에서 나는 최하의 실력이었고 다행이 그나마 나이가 어린 그룹에 속해 있었다.

　영어로 크게 스트레스를 받던 나는 종종 같은 반 형님들께 '열심히 하는데도 영어가 정말 안 된다'는 투정을 꽤 했었던 것 같다. 그런 얘기를 가만히 듣고 있던 형님들이 함께 수업을 들은 지 반 년쯤 지났을 때 갑자기 이런 질문을 던졌다. '영어 공부는 얼마나 했어요?' 토익 책 좀 보고, 보카도 좀 보고, 문법책도 좀 봤다고 했더니 다시 나에게 이런 질문이 날아들었다. '얼마나 하려고 생각하고 했어요?' 딱히 그런 건 없고 시간나는 대로 많이 보려고 했다고 답했다. 나에게 질문을 던졌던 한 형님이 조금 생각하더니 이렇게 말했다. 사실 정확히 얘기하면 영어 공부를 한 적이 없네요. 영어 공부가 왜 안 되는지 아세요? 영어 공부를 안 했기 때문입니다.

갑작스런 이 말에 조금 당황스럽기도 하고 화도 나서 반박했다. 뭐 미친듯이 하지는 않았어도 적게 하지는 않았다. 안 했다고 하기는 좀 그렇다고. 그 말을 들은 형님은 다시 이런 질문을 던졌다. '공부하는 것과 노는 것의 차이를 아느냐?' 말문이 막혔다. 공부하는 것은 공부하는 거고 노는 것은 노는 거지 이게 또 뭔 차이가 있단 말인가. 내가 답을 못하고 머뭇거리고 있자 살짝 웃으면서 "해야 할 만큼 하는 것이 공부고 하고 싶은 만큼 하는 것은 노는 것"이라고 말해 주었다. 무언가를 잘하기 위해서는 해야 할 양, 그리고 투자해야 할 시간이 있는데 그것을 달성할 수 없는 정도만 하는 것은 그냥 노는 것과 별반 다를 바가 없는 것이다. 그 뒤로 본인이 공부했던 엄청난 학습량을 내게 이야기해주었고 영어를 안 해서 못하는 거니 걱정하지 말라는 격려 아닌 격려로 그 날의 대화는 끝이 났다.

지난 책에서 양질전화의 법칙[28]을 언급했었다. 학교 다닐 때뿐 아니라 회사 다닐 때도 많이 생각하던 내 삶의 기본 원칙이었는데, 막상 삶에서 중요한 순간에는 그러한 원칙을 잊고 그냥 갈팡질팡하고 있었던 것이다. 이론이 현실에 접목되지 못하고 그냥 문자로만 남을때만큼 허망한 것이 없다. 그런 허망함을 깨고 제대로 된 실천이 되려면 그것

---

28. 양적 변화가 질적 변화를 이끌어낸다는 사회과학이론. 1도씨와 99도씨의 물은 질적인 변화없이 양적인 변화(온도차)가 있을 뿐이지만 100도씨의 물은 양적 변화(온도변화)를 넘어 물이 수증기로 변화하는 질적인 변화가 있다. 양적인 변화가 선행되고 그것이 어떠한 기준을 넘어섰을 때 질적 변화가 이루어진다.

을 잘 정리해서 먼저 해버린 사람과 함께하는 것이 최선이다. 2년 2개월이나 되는 긴 시간 동안 영어학원을 다니면서 영어 말고도 더 중요한 다른 것을 덤으로 배웠다. 여러 사례를 오랜 기간 접하고 체험하며 배웠으니 참으로 고마운 일이 아닐 수 없다.

대응은 내가 선택하는 것

 필자가 부족해서였는지 직장생활을 하면서 어려운 일을 많이 겪었다. 하지만 그 어려운 일을 지나올 때마다 한 단계 발전했다. 이제는 나이를 먹어서인지 혹은 역량이 어느 정도 올라서인지 몰라도 그런 일이 점점 줄어들고 있다. 아직도 부족한 점이 많은데 발전의 계기가 없어져 가는 것이 아쉽게 느껴질 때가 있다.

 IT 세계를 넘어 창의, 혁신을 꿈꾸는 세상 모든 이들의 영원한 멘토가 된 Steve jobs도 스스로 창업한 애플사에서 1985년 축출되는 고난을 겪었다. 하지만 그는 2005년 스탠포드대학교 졸업 연설에서 이 때의 경험을 이렇게 회상했다. "성공하는 즐거움이 다시 창업하는 경쾌함으로 대체되었던 거죠. 이것은 나를 내 삶에서 가장 창의적인 기간 중 한 때로 들어설 수 있게 해주었어요. 그 모든 것은 만약 내가 애플에서 쫓겨나지 않았다면 일어날 수 없었던 일들이라 확신합니다. 이것은 아주 쓴 약이었습니다. 하지만 환자들에게 약은 필요한 법이죠."
 약이 될지 독이 될지는 우리가 선택하는 것이다.

CHAPTER 13

권리 위에 잠자지 말라

> **LG CNS 대표, 불법 SW 사용혐의로 체포**
> 스페인 소프트웨어 업체 스티마소프트웨어와 쉬프트정보통신 간 '티차트' 불법 복제 분쟁이 관련 소프트웨어를 사용한 IT 서비스 업체 대표가 체포되는 초유의 사태로까지 번졌다.
> 문제가 된 소프트웨어는 정부로부터 GS 인증까지 받은 제품. 해당 기업 입장에서는 정부가 권장한 제품을 구매했다 불법복제 논란으로 대표가 체포되는 어이없는 상황을 맞은 형국이다. 해당 업체는 법적 조치를 강구한다는 방침이다.
> 〈중략〉
> 한편 스티마소프트웨어는 올초 삼성 SDS와 LG CNS를 저작권 침해 혐의로 경찰에 고소한 바 있다. 두 회사가 자사 SW를 불법 복제한 쉬프트정보통신으로부터 제품을 공급받아 사용했다는 이유다.
> — 2008년 11월 26일 아이뉴스24

위 기사는 2008년 가을 신문에 난 약간은 어이없는 기사이다. 하지만, 납품 업체 간 저작권 분쟁이 고객사 대표이사가 체포되는 큰 일로 발전할 수도 있다는 것을 관련업계에 각인시켰다는 점에서 중요한 사건이다.

대한민국 IT 개발자에게 제일 친숙한 컴퓨터 키가 무엇인가? 바로 Ctrl+C, Ctrl+V이다. 일명, Copy&Paste 신공을 통해 우리는 지금까지 엄청난 생산성을 이루어 내고, 프로젝트 막판에 우박처럼 떨어지는 추가 요구사항을 잘 처리해 왔다. 그 복제의 대상은 좁게는 자기 자신의 프로그램이나 자사 모듈에서 넓게는 타사 및 인터넷상의 출처를 알 수 없는 소스(Source), 더 나아가서는 상용 컴포넌트까지 확대된다.

불법 소프트웨어 사용률 추이

	2003	2005	2007	2009	2011	2013
대한민국	48%	46%	43%	41%	40%	38%
아시아	53%	54%	59%	59%	60%	62%
세계	36%	35%	38%	43%	42%	43%

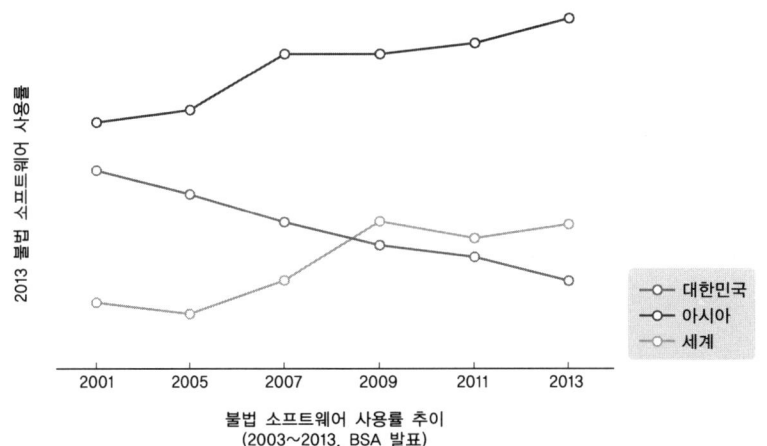

불법 소프트웨어 사용률 추이
(2003~2013, BSA 발표)

BSA(The Software Alliance, 사무용 소프트웨어 연합) 2014 보고서

이러한 복제는 기존의 기술 수준을 기초로 하여 더 높은 기술 수준으로의 발전을 용이하게 하는 긍정적 면과 저작권자의 동의 없는 무차별적 복제로 인한 권리 침해라는 부정적 면이 상존하고 있다. 지금까지 소프트웨어와 관련해서는 그 무형적 가치를 잘 인정하지 않는 문화가 강해 복제 행위에 대해 매우 관대한 것이 우리 업계의 관행이었다. 소프트웨어를 개발하는 회사가 소프트웨어 개발 툴과 내부 컴포넌트들을 제 값을 주지 않고 사용하는 경우가 적지 않았다.

필자가 지금까지 봐왔던 개발자나 개발 회사의 성향으로 봤을 때 이 불법복제율이 일반 회사나 개인의 상용소프트웨어 불법복제율보다 결코 적지 않을 것 같다. 물론, 이러한 문제점은 최근 10여 년간 꾸준히 개선되어 왔으며, 개발자부터 일반 개인, 그리고 기업체까지 소프트웨어의 지식재산가치에 대한 인식 또한 눈에 띄게 좋아졌다. 2003년 50% 가깝던 불법복제율이 2013년 현재 38%까지 감소했다. 아시아태평양 평균인 62%나 세계 평균 43%보다 낮은 수준이나 아직 주요선진국(미국 18%, 일본 19%, 독일 25% 등) 수준에는 미치지 못하고 있다. 물론, 이런 추세대로 간다면 향후 20~30년이 지나면 선진국 수준에 도달할 수 있을 것이라 예상되나, 지금 우리에게 그런 시간이 주어지지 않을 것이라는 게 큰 문제이다.

2013 불법 소프트웨어 피해액 상위 20개국 비교표

단위 : 100만 달러

국가	불법 소프트웨어 사용으로 인한 손실액	정품 소프트웨어 사용으로 인한 이득액	불법 소프트웨어 사용률
미국	9,737	44,357	18%
중국	8,767	3,080	74%
인도	2,911	1,941	60%
브라질	2,851	2,851	50%
프랑스	2,685	4,773	36%
러시아	2,658	1,629	62%
독일	2,158	6,834	24%
영국	2,019	6,394	24%
이탈리아	1,747	1,970	47%
인도네시아	1,463	279	84%
일본	1,349	5,751	19%
멕시코	1,211	1,032	54%
캐나다	1,089	3,267	25%
스페인	1,044	1,276	45%
베네수엘라	1,030	140	88%
아르헨티나	950	427	69%
태국	869	355	71%
호주	743	2,795	21%
대한민국	712	1,162	38%
베트남	620	145	81%

〈2014 BSA 보도자료〉

2012년 3월 15일. 한미 FTA가 발효되었다. 한미 FTA가 우리 경제에 도움이 된다 안 된다 말들이 많았다. 거시적 관점에서의 유불리를 따지기는 아직 시기적으로 이르지만 적어도 소프트웨어 저작권 분야에서는 한동안 큰 위협이 될 것은 분명하다. 당장, 한미 FTA 이행법안에 따른 저작권법 개정안에는 비친고죄 범위 확대, 법정손해배상제도 신설, 일시적 저장도 복제로 규정하는 등의 내용이 담겨 있다. 특히, 비친고죄 적용 범위가 확대되면 지금까지 저작권자에 의해 침해사실이 적발되어 합의를 한다고 해도, 제3자가 고소할 경우 형사처벌을 받게 된다. 지금, 특허업계에 큰 문제가 되고 있는 특허관리회사(NPE, Non Practicing Entity)처럼 실질적인 가치생산활동을 하지 않고 오로지 특허 침해 소송을 통한 이익 창출에 집중하는 기업형태가 소프트웨어 저작권 분야에 나타날 수도 있는 것이다.

과거 소프트웨어 지식재산권이라고 하면 저작권 영역에 한정된 불법복제와 연관하여 생각하는 경우가 많았지만 최근에는 특허권으로서의 보호 및 권리 행사에 더 많은 관심이 나타나고 있다. 최근 삼성과 애플의 특허 전쟁에서 알 수 있듯이 소프트웨어 특허 침해와 관련된 손해배상액은 1조 원 단위를 넘어서는 천문학적 금액에 이르고 있다. 이러한 시장의 성장을 배경으로 한 특허관리전문기업의 등장은 소프트웨어 지식재산권을 더 이상 필요사항이 아닌 기업 생존을 위한 필수품으로 만들었다. 물론, 지금도 소프트웨어의 지식재산권, 특히 특허에 관해 반대하는 의견이 많다. 하지만 그 반대 의견의 타당성 여부를 떠나서 시장은 이미 소프트웨어 특허를 통해 주도권을 장악하고 기업의 생사를 결정하는 상황에 와 있다.

지금까지는 소프트웨어 지식재산권을 기업 중심으로 이야기했다. 과연 이것은 기업을 위해서만 필요한 것인가? 그렇지 않다. 4D라 불리는 열악한 환경에서 일해온 IT 업계 종사자들에게도 반드시 알아야 하고 활용해야 할 것이 지식재산권이며 그 중에서 가장 중요한 것이 직무발명이다. 명확한 출퇴근 시간도 없이 월화수목금금금인 생활을 하는 IT인들이 많다. 힘든 시간을 견디어내기 위해서는 상사나 회사의 지원, 인정 그리고 보상 등이 매우 중요하다.

이러한 것들을 이끌어내기 위해서 일반적으로 회사가 수긍할 수 있는 실적을 내야 한다. 하지만, 대부분 IT 일이라는 게 많은 사람들의 협업을 통해 이루어지는데 그 속에서 나의 독립적인 업무 성과를 명확하게 구별해 내는 것은 쉽지 않다. 설사 구별해 낸다고 해도 이것이 1년 혹은 2~3년 이상 장기적인 실적으로 인정받기는 더 어렵다. 또한, 인정받은 사항들도 상사 변경 혹은 회사 폐업 등 예기치 못한 상황으로 인해 폐기되기 일쑤다.

이러한 변수들을 피해가기 위해 지금까지 주로 제안되었던 것은 프로젝트와 독립된 기술력을 확보하는 것이다. 자바 초창기 먼저 관련 기술력을 확보했던 많은 개발자들이 상당한 대우를 받고 지금은 사장되었을 것 같은 코볼 언어 개발자들이 해외에서는 오래된 시스템 유지 보수를 통해 꾸준히 좋은 대우를 받고 있다. 물론, 코볼과 같은 이전 세대 언어 개발자의 절대적 숫자가 감소한 것이 가장 근원적인 이유이긴 하지만.

IT인으로 살아남기 위해서는 기술력이 필요하다. 꾸준히 공부해야 하고 필드에서 그 학습한 것을 적용하고 온전히 내 것으로 소화해야 한다. 그것으로도 충분하지 않다. 우리가 프로젝트를 수행하고 나면 반드시 남기는 것이 있다. 산출물이다. 기본적으로 소스가 남고 분석서, 설계서 등 수없이 많은 산출물이 생성된다. 프로젝트는 무엇으로 평가받는가? 바로 이 산출물이다. 우리는 회사 프로젝트를 수행하면서 이것들을 만드는 데 많은 노력과 정성을 쏟는다. 자신의 삶을 위한 개인 프로젝트는 이와 다를까? 아니다. 개인 프로젝트에서도 산출물을 남겨야 한다. 기술력을 가지고 있는 것만으로는 부족하다. 독자적으로 개발한 앱이나 애플리케이션 혹은 다른 지원 툴이 있다면 훌륭한 Reference이다. 하지만 회사생활을 하면서 그러한 개별 프로젝트를 수행하는 것은 쉽지 않다. 회사에서 수행한 프로젝트가 나의 Reference가 되지는 못한다. 이런 경우 내가 만들어낸 기술, 프로그램을 나만의 것, 그리고 직접적으로 나에게 도움이 되는 자산으로 바꾸어 줄 수 있는 것이 바로 직무발명이다.

직무발명은 종업원, 법인의 임원 또는 공무원이 그 직무에 관하여 발명한 것이 성질상 사용자·법인 또는 국가나 지방자치단체의 업무 범위에 속하고 그 발명을 하게 된 행위가 종업원 등의 현재 또는 과거의 직무에 속하는 발명을 말한다. 실제 현장에서 직무발명인지 아닌지를 확인하기 위한 좀 더 세부적인 요건을 정리하면 다음 표와 같다.

직무발명의 요건

구분	요건	상세요건
대상	발명이 종업원 등에 의하여 창출되어야 함	• 종업원 : 타인의 사무에 종사하는 자 • 법인임원 : 이사급 이상의 직에 있는 자 • 공무원 : 국가・지방공무원, 일용직 포함(넓은 의미)
범위1	종업원의 발명이 성질상 사용자 등의 업무범위에 속하여야 함	• 사용자 등 : 자연인, 법인 - 근로기준법 등 타 법률과는 개념상 다소 차이가 있음 • 사용자의 업무범위 : 정관, 직제, 사무분장 등으로 결정
범위2	발명을 하게 된 행위가 종업원의 직무에 속하는 발명	• 발명을 하게 된 행위가 당연히 예정되거나 기대되는 경우
시기	현재 또는 과거의 직무에 속하는 발명	• 동일 기업 내에서 당해 종업원이 담당하였던 현재 또는 과거의 직무
범위	특허, 실용신안, 디자인 포함(상표 불포함)	• "발명"이란 특허법, 실용신안법 또는 디자인보호법에 따라 보호 대상이 되는 발명, 고안 및 창작(발명진흥법 제2조제1호)

　발명진흥법 제10조(직무발명) 제1항에는 "직무발명에 대하여 종업원등이 특허, 실용신안등록, 디자인등록(이하 "특허등"이라 한다)을 받았거나 특허등을 받을 수 있는 권리를 승계한 자가 특허등을 받으면 사용자등은 그 특허권, 실용신안권, 디자인권(이하 "특허권등"이라 한다)에 대하여 통상실시권(通常實施權)을 가진다."라고 명시되어 있다. 또한, 동법 제15조(직무발명에 대한 보상) 제1항에는 "종업원등은 직무발명에 대하여 특허등을 받을 수 있는 권리나 특허권등을 계약이나 근무규정에 따라 사용자등에게 승계하게 하거나 전용실시권을 설정한 경우에는 정당한 보상을 받을 권리를 가진다."라고 되어 있다.

　'회사에서 일하면서 만든 것은 다 회사 것이 아닌가?'라는 질문을 할 수도 있다. 실제, 많은 IT 관련 기업이 직원 입사 시 '회사 근무 시 창출한 지식재산권과 관련한 권리는 모두 회사에 귀속한다'라는 문구가 들어간 계약서에 서명을 받고 있다. 하지만 이것은 법적으로 완벽한 구속력을 갖지 못한다. 발명진흥법 제15조 제2항 내지 제 4항에는 종업원에 대한 정당한 보상을 아래와 같이 규정하고 있다.

② 사용자등은 제1항에 따른 보상에 대하여 보상형태와 보상액을 결정하기 위한 기준, 지급방법 등이 명시된 보상규정을 작성하고 종업원등에게 문서로 알려야 한다.
③ 사용자등은 제2항에 따른 보상규정을 종업원등에게 불리하게 변경하는 경우에는 해당 계약 또는 규정의 적용을 받는 종업원등의 과반수의 동의를 받아야 한다.
④ 사용자등은 제1항에 따른 보상을 받을 종업원등에게 제2항에 따른 보상규정에 따라 결정된 보상액 등 보상의 구체적 사항을 문서로 알려야 한다.

위의 조건에 따라 종업원등에게 보상한 경우에는 정당한 보상을 한 것으로 보고 있으나 발명진흥법 제15조 제6항 단서로 '그 보상액이 직무발명에 의하여 사용자등이 얻을 이익과 그 발명의 완성에 사용자등과 종업원등이 공헌한 정도를 고려하지 아니한 경우에는 그러하지 아니하다'라고 규정하여 직무발명에 대한 정당한 보상을 또 한 번 뒷받침하고 있다.

법적으로 보장된 직무발명에 대해 전통적으로 회사와 직원 관계가 수직구조인 동양권에서는 그리 우호적이지 않다. 기술자들에 대한 처우가 상대적으로 좋은 일본의 경우에도 직무발명에 대한 보상은 아직 크지 않은데, 한때 세상을 떠들썩하게 했던 나카무라 슈지 교수의 청색발광다이오드 사건이 대표적인 사례이다. 당시 작은 중소기업에 불과했던 니치아 화학에 입사해서 회사가 타당성이 없다며 거절했던 청색LED를 10여 년간 스스로 연구하여 완성하였다. 니치아는 이 발명을 통해 수조 원 이상의 매출을 기록하며 세계 1위 업체로 올라섰는데 직무발명에 대한 보상으로 고작 2만 엔을 제시했다. 이에 분노한 나카무라 슈지는 퇴사 후 200억 엔의 소송을 제기하여 1심에서 승소했다. 하지만 2심에서 발명자의 기여비율을 대폭 낮춰 8억 4천 4백만 엔의 화해안을 제시하자 이를 수용하고 미국 U.C Satan Babara 대학의 교수로 떠났다. 이때 그가 남긴 한마디가 일본 기술업계를 강타했다. "기술자들이여, 일본을 떠나라"

나카무라 슈지는 8억 4천 4백만 엔에 분노하여 떠났지만, 이는 사실 한국의 IT 기술자들의 현실에 비하면 사실 부러운 상황이다. 물론, 우리도 최근 천지인 사례[29]와 같이 직무발명에 대한 보상이 조금씩 이루어지고 있기는 하지만, 지식재산권 선진국에 비하면 그 보상 비율이 현저하게 낮다. 이러한 현실을 개선하기 위해서는 법제개정 주체인

---

29. 2001년 11월, 휴대폰 등의 천지인 문자입력방법을 발명한 두 사람의 발명자(C, R)가 S전자를 상대로 발명특허의 반환 내지 직무발명 보상금을 청구한 사건. 당시 원고인 두 발명자는 각기 별개로 제소했는데 1심에서는 두 사건 모두 직무발명보상금을 청구하지 않고 자유발명임을 전제로 한 부당이득반환(각각 10억 원) 등을 청구. 먼저 소를 제기한 발명자 C의 1심은 원고패소. 1심에서 패소한 발명자 C는 2심에서 직무발명보상금을 예비적으로 청구했고, 2심 막바지인 2003년 12월 원고 당사자들과 피고 당사자가 법정 외에서 합의하여 사건 종결. "아이디어스파트, 김준효, 양문출판사, 2011. p23"

정부와 산업계의 노력도 중요하지만 무엇보다도 그 혜택의 실제 수혜자가 될 수 있는 개인의 노력도 병행되어야 한다. '우리는 일만 한다', '기술자는 기술에만 매진한다', '장인의 길을 간다' 등등 기술자의 활동 영역을 좁히는 말들이 있는데, 이제 그러한 관념에서 탈피해야 할 순간이 왔다.

회사가 계약서를 바탕으로 직원들에게 부당한 처우를 강요하는 경우가 있는데 직무발명을 논외로 하더라도 이러한 경우에는 강력한 대응을 통해 본인의 권리를 스스로 찾아야 한다. 그러기 위해서는 관련 지식이 있어야 하는데 그 중에 최우선이 법이다. '법 없이도 살 사람'이란 말은 농경시대에나 통용되는 것이지 요즘같이 다양한 이해관계가 복잡하게 얽혀 충돌하는 시대에는 맞지 않는 것이다. 근로자로 일하면서 근로기준법 한번 보지 않고, 지식노동자로 일하면서 지식재산기본법, 특허법, 발명진흥법, 저작권법 등을 한 번도 읽지 않은 것은 부끄러운 일이다.

실체와 형식이 모두 갖추어져야 진정한 가치가 만들어진다. 그 동안 IT 회사와 기술자 모두 열심히 일하는 데 힘을 쏟았다면 이제부터는 현명하게 일하는 것에 집중할 시기라 생각한다. 특히 평생직장의 개념이 평생직업으로 바뀌는 이 시대에 IT 기술자들은 자신에게 힘이 되고 자산이 되는 것이 무엇인지 명확히 알고 일을 해야 할 것이다. 물론 회사에도 그만큼 기여를 하면서 말이다.

SW 개발 이야기

Part 05

까칠한 선배들이 들려주는

CHAPTER 14

SW 아키텍트는 누구인가?

SW 분야의 최고 직업 SW 아키텍트

IT 분야 특히 IT 서비스업계의 종사자라면 SW 아키텍트라는 용어를 한 번쯤은 들어봤을 것이다. 흔히들 SW 개발의 핵심 개발자, 개발리더로 불리기도 하는데 2000년대부터 어느 정도 규모가 있는 SI(System Integration)[30] 프로젝트에는 필수적으로 투입되어야 하는 인력으로 인식되고 있으며, SI 프로젝트가 대형화·복잡화됨에 따라 그 중요성이 점점 커져가고 있다.

SW 아키텍트는 2011년 CNN Money가 꼽은 베스트 직업 1위로 선정되기도 했으며, (BEST JOBS IN AMERICA : 1. Software Architect) 최근까지도 꾸준히 1~3위권을 유지하면서 미래 SW 세상의 최고 직업 중 하나로 인정받고 있다. 국내에서도 대형 SI회사 및 제조회사를 중심으로 SW 아키텍트를 회사의 핵심인재로 선정하고 인력 양성에

---

30. SI(System Integration) : 다양한 솔루션, 기술요소를 결합하여 고객이 요구하는 정보시스템을 구축하는 사업

노력을 기울이고 있다. 회사 내부에 SW 아키텍처 팀을 구성하기도 하고 국내의 SW 기술역량을 선도하는 한국소프트웨어기술진흥협회[31]에서는 SW 아키텍트의 저변확대를 위하여 2012년부터 연 2회 SW 아키텍트에 대한 자격인증을 통해서 역량 있는 SW 아키텍트를 양성하고 있다.

지금 이 책을 읽는 독자들도 SW 개발분야의 종사자 또는 취업을 희망한다면, 국내외에서 SW 개발분야의 핵심인재로 인정받을 수 있는 SW 아키텍트를 목표로 생각해 볼 수 있을 것이다. 어떤 직업을 장래희망으로 삼고 구체적인 목표를 정하려면 그 직업에 대해서 구체적으로 알고 있어야 한다. 하지만 우리는 SW 아키텍트에 대해서 얼마나 잘 알고 있는가? 개발현장에서 어떤 역할을 하는지 알고 있는가? 주변에 해당 역할을 수행하는 사람을 만나본 적은 있는가? 주변의 선배, 동료에게 SW 아키텍트가 어떤 역할을 하는 사람인지 물어보면 답변하는 사람에 따라서 고참 개발자, 인프라 담당자, 표준 담당자 또는 공통팀 개발자 등 다양한 답변을 들을 수 있을 것이다.

국내 SW 개발환경이 아직 해외처럼 선진화되지 못하다 보니 SW 아키텍트에 대한 개념이 PM, PL, 개발자처럼 명확하게 정립되어 있지 않고 모호하게 이해되는 경우가 많다. 과연, SW 개발분야의 최고 직업 중에 하나라고 하는 SW 아키텍트는 도대체 어떤 역할을 수행해야 하는 것인지, 어떻게 해서 최고의 직업으로 인정받는지 살펴보도록 하자.

---

31. KOSTA(Korea Software Technology Association) : SW산업의 경쟁력 확보와 선진화를 위해 SW 기술역량을 결집하고 종합적으로 지원하는 단체

SW 아키텍트는 무슨 일을 하는가?

SW 아키텍트에 대해서 이해하기 위해서 먼저 Wikipedia에서 기본적인 정의부터 살펴보자.

> Software architect is a computer manager that makes high-level design choices and dictates technical standards, including software coding standards, tools, or platforms.
>
> (인용일자 : 2014. 06. 15. 16 : 00)

정의된 내용의 주요 Keyword를 살펴보면, 먼저 'computer manager', SW 아키텍트는 개발자가 아니라 관리자로 정의하고 있다. 여기서 얘기하는 관리자는 우리가 주변에서 흔히 보는 행정적인 부분을 관리하는 관리자가 아니라 SW 개발의 내용적인 부분이 기술적인 표준을 준수하여 개발되고 있는지를 관리하는 관리자를 의미한다. 두번째, 'high-level Design choices', SW 아키텍트는 SW의 high-level Design 즉, 시스템의 구조, 구성 방식, 도입 솔루션 선정 등 전체 SW 방향을 기획·설계하는 것으로 정의하고 있다. 마지막으로 'dictates technical standards', SW 아키텍트는 SW 개발에 대한 기술적인 표준을 정의하고 준수하도록 지시하는 역할을 수행하는 것으로 정의하고 있다. 여기서 말하는 기술적인 표준이란 프로그래밍 표준은 물론 거래코드, 계좌번호 구조와 같은 업무적 표준, 시스템 간의 인터페이스 방식, 개발도구의 사용방식 등 SW 개발을 하면서 정해야 하는 대부분의 표준을 포함한다.

좀 더 쉬운 이해를 위해서 SW 각 개발단계에 따라서 SW 아키텍트가 수행하는 역할을 간단히 살펴보자.

첫 번째, 시스템 기획 단계이다. 이 단계에서 SW 아키텍트는 비즈니스, 사용자의 요구사항 및 기술/시장 동향을 파악하여 구현하려는 정보시스템의 기본기술구조, 시스템 청사진을 제시하고 이를 구현하기 위한 상세 구현전략 및 요소기술을 선정하는 역할을 수행한다. 예를 들어, 금융 차세대 시스템을 구축할 경우 프로젝트 수행 전에 기반 플랫폼 및 주요 솔루션을 선정하고 "고객 정보 통합관리 구현방안", "사용자 편의성을 고려한 Workplace 개선방안", "시스템의 Layer 구조 개선방안" 등의 전략과제에 대해서 수행계획, 기술구조 등을 정의하는 것이다. 혹자는 '컨설팅에서 수행하는 업무 아닌가'라는 의문을 제기할 수도 있을 것이다. 그렇다. 컨설팅에서 수행하는 업무 중 일부가 포함된다. 일반적으로 컨설팅에서는 비즈니스 전략과 기술전략으로 나누어 컨설팅을 수행하는데 바로 기술전략을 수립하는 부분에 기술적인 전문성을 갖춘 SW 아키텍트가 투입되어 고객의 비즈니스 요구사항을 구현하기 위한 시스템 구현전략을 수립하는 것이고 실제 컨설팅 프로젝트에서도 다수의 SW 아키텍트들이 해당 역할을 수행하고 있다.

두 번째, 분석/설계 단계이다. 이 단계에서는 SW 아키텍트가 가장 바쁘고 많은 일을 해야 한다. 먼저, 기획단계에서 개념수준으로 정의된 기술구조를 상세화시키고 검증해야 한다. 이 과정을 SW 아키텍처[32]

---

32. SW 아키텍처 : 사용자의 요구사항을 구현하기 위한 SW 구성요소들 간의 상호작용 구조 및 호출관계를 정의한 원칙 및 기준

를 수립한다고 말하는데, 상세 요구사항을 바탕으로 정보 시스템의 거래패턴을 파악하고 도입된 솔루션, 요소기술의 기능/기술 내역을 파악한 후 해당 시스템에 적합한 Run-time 처리구조를 결정하는 작업이다. 예를 들어 시스템의 프로그램 처리구조를 정의할 때, DB 처리하는 Layer를 별도로 구성할지, 대외 인터페이스를 온라인으로 할지 배치로 일괄처리 할지, 서버 로직을 Control 부분과 기능부분으로 분리할지 등 개발자가 구현할 프로그램의 기반 구조를 정의하는 것이다. 또 프로그램 기반구조를 정의한 후, 정의된 기반구조가 실제 문제없이 동작하는지를 검증하게 되는데, 이때 기반구조를 구성하는 프레임워크[33]와, 시스템 공통모듈[34]을 사전에 구현하고 주요 거래유형에 대한 업무 샘플을 동작시키는 파일럿 프로젝트 수행을 리딩하게 된다. 이렇게, 시스템의 기술구조를 상세화·표준화하고 기반구조를 정의해나가는 과정에서 고객, 개발자 등 관련 이해당사자의 경험, 지식, 시각에 따라서 다양한 의견이 충돌하게 된다. 이때 SW 아키텍트는 균형 잡힌 대안을 제시하고 논리적 근거를 바탕으로 관련 이해당사자를 설득하여 제때 SW 아키텍처에 대한 의사결정이 진행되도록 리딩하는 역할도 수행한다.

세 번째, 구현/테스트 단계이다. 이 단계에서 SW 아키텍트는 정의된 SW 아키텍처, 개발 표준을 다수의 개발자가 준수할 수 있도록 교

---

33. 프레임워크 : 표준화되고 신속한 개발을 위해 SW 기반구조 및 시스템 공통기능을 구현해 둔 프로그램(예 : Spring Framework, 전자정부표준 프레임워크 등)
34. 시스템 공통모듈 : SW 개발 시 공통적으로 적용되는 기능모듈(예 : Exception 처리, Log 처리, 메시지 처리 등)

육, 가이드를 수행하고 지속적인 통제를 수행한다. 개발 중에도 시스템 공통모듈이 변경되거나 개발자들이 잘못된 내용으로 개발하는 것이 파악되면 계속해서 가이드를 수행하고 표준을 준수하지 않은 프로그램을 수정하도록 한다. 경우에 따라서는 테스트 환경에 대한 구성과 시스템의 성능에 이슈가 발생했을 때 병목구간을 파악하고 이를 해결하기 위한 활동을 수행하기도 한다.

마지막으로 운영/유지보수 단계이다. 이 단계에서 SW 아키텍트는 정의된 SW 아키텍처, 개발표준이 운영기간 동안 계속해서 유지되도록 관리하고 변경이 필요한 요건이 발생하였을 때, 해당 요건에 대한 아키텍처 변경방안을 수립하여 개발자들이 올바르게 반영하도록 통제한다. 예를 들어 운영 중인 시스템에 대해서 고객정보보호 강화를 위해 고객정보 암호화 요건을 반영한다든지, 개별적으로 산재된 인터페이스 방식에 대해서 채널 통합방안을 제시하고 추진한다든지, 지연되는 배치 작업에 대한 튜닝, 성능 최적화 방안을 기획·추진하는 것이다.

정리해보면, SW 아키텍트는 사용자, 비즈니스 요구사항을 기반으로 SW 전체의 기술적 방향성, 표준을 수립하고 이를 준수하여 SW가 실제 개발되도록 통제하는 관리자라고 할 수 있다. 이러한 SW 아키텍트는 기존에 존재하지 않던 역할이 새롭게 생긴 것이 아니다. SW 아키텍트라는 개념이 없던 시절에도 PM, PL 또는 고참 개발자가 유사한 역할을 수행해 왔다. 다만, 2000년대 이후로 프로젝트의 복잡도가 높아지고 대형화되면서 이러한 역할을 좀 더 전문적이고 체계적으로 수행하기 위해서 세분화된 개념이다. SW 산업이 발전해 오면서 PM, PL 의 역할이 전문화·세분화되고 자연스럽게 발생된 역할인 것이다. 하지만 국내 SW 개발현장에서는 SW 아키텍트라는 개념 및 필요성이 아직까지도 잘 받아들여지지 않고 있으며, SW 아키텍트를 잘못 이해하고 맞지 않는 업무를 요구하는 경우가 많다. 그럼, 프로젝트 현장에서 자주 발생되는 오해들에 대해서 살펴보도록 하자.

SW 아키텍트에 대한 잘못된 이해

필자는 오랜 기간 중대형 SI 프로젝트의 SW 아키텍트로 활동해왔는데, 프로젝트에 SW 아키텍트로 투입이 되면 가장 먼저 받는 질문이 "아키텍트가 하는 역할이 뭔가요?"였다. SW 아키텍트로서의 역할을 잘 이해시켜보려고 노력을 했으나 PM, 개발자, 고객의 생각과 이해가 각각 상이하고 고착되어 있어서 이를 변화시키기 어려웠다. 또 프로젝트의 상황에 따라서 SW 아키텍트 역할뿐 아니라 방법론 담당자, 공통팀 PL, 품질담당자, 사업관리담당자, 인프라담당자 등 다양한 역할을 수행하면서 계속되는 개발팀, 고객의 무리한 요구사항을 조정·해결하다 보면, 나 자신도 나의 고유한 역할이 무엇인지 고민스러울 때가 많았다. 그동안의 고민을 바탕으로 현장에서 자주 발생되는 아키텍트에 대한 오해를 정리해보면 다음과 같다.

첫 번째 잘못된 이해는 SW 아키텍트는 일시적인 기술지원인력이라는 생각이다.

필자가 처음 SW 아키텍트로 활동을 시작한 2000년 초반은 객체지향 및 CBD(Component Based Development) 방법론, 웹 기반 시스템 구축, Java 언어가 새로운 트렌드로 각광받으면서 프로젝트의 방법론, 개발언어, 도입기술의 변화가 심한 시기였다. 때문에 해당 기술에 대한 외부 전문가의 기술지원이 필요하였고 필자의 SW 아키텍트로서의 활동도 초반에는 방법론 지원, 프레임워크 지원 등 특정 영역에 국한되어 수행되었다. 하지만 이러한 상황이 자주 발생되다 보니 개발 현장에서는 SW 아키텍트를 기술지원인력 정도로 인식하여 몇 개월만 단기 투입하는 것으로 계획을 잡는 경우가 자주 있었고 개발기간 동안 수립된 SW 아키텍처 준수 여부를 관리통제해야 함에도 불구하고 공수가 부족하다는 이유로 중간에 프로젝트에서 빠지는 경우도 흔했다.

앞서 SW 아키텍트의 개발단계별 역할에서 얘기했듯이 SW 아키텍트는 프로젝트의 시작부터 끝까지 수행할 중요한 역할을 갖고 있고 가능한 프로젝트의 처음부터 마무리될 때까지 개발의 중심을 잡아주어야 한다. 아키텍트가 프로젝트 초기에만 참여한다면, 겉으로는 멋진 SW 청사진을 그릴 수 있지만 실제 구현된 SW는 개발자 임의대로 표준을 해석하고 적용하여 어렵게 정한 아키텍처 표준이 지켜지지 않을 가능성이 높다. 또 아키텍트가 프로젝트 후반에만 참여한다면, 명확한 근거 없이 정의된 아키텍처 표준으로 인해 도입된 솔루션의 제공 기능이 원하는 기능과 맞지 않거나 데이터 포맷이 상이하여 추가 개발 공수가 발생되는 등의 위험이 발생할 것이다.

두 번째 잘못된 이해는 SW 아키텍처를 수립하는 업무는 아키텍트 담당자만의 업무라는 생각이다.

필자가 B 프로젝트에 투입되었을 때다. 당시에는 생소하던 CBD 방법론, Java 기반의 프레임워크를 적용한 프로젝트였는데, 분석단계부터 투입되어 방법론 가이드 및 아키텍처 구조를 수립하고 시스템 공통모듈 개발업무 등을 리딩하게 되었다. SW 아키텍처 수립을 위해서 설계초기단계에 각 업무팀의 기능/기술요건을 파악하여 아키텍처에 반영할 부분을 정리하였는데 여러 차례 확인을 하였지만, 반영할 부분이 많이 파악되지 않았었다. 하지만 개발단계가 시작되고 프레임워크와 시스템 공통모듈에 대한 교육, 가이드가 진행되자 그 동안 얘기하지 않던 새로운 업무처리유형, 기술요건이 다수 추가 식별되었고 나중에 확인을 해보니, 일부 업무 PL이 사전에 제시된 SW 아키텍처를 제대로 이해하지 못하거나 관심 있게 검토하지 않아서 뒤늦게 추가적인 요건이 다수 발생된 것이었다. 심한 경우는 개발자의 개발소스가 어떻게 형상관리되는지, 실제 개발소스의 모듈 구성이 어떻게 되어 있는지 조차 파악을 못하는 경우도 있었다.

기본적으로는 SW 아키텍처를 수립하는 것은 아키텍트 담당자의 일이 맞다. 하지만 아키텍트 담당자 혼자서만 할 수 있는 일은 아니고 관련된 담당자들이 함께 해야 하는 일이다. 왜냐하면 SW 아키텍처를 수립하는 일은 시스템 전반에 영향을 미친다. SW 아키텍트 담당자가 아무리 똑똑하고 치밀하다고 해도 모든 경우의 수를 다 파악하는 것은 불가능에 가깝다. 특히 이전에 구축된 적이 없는 유형의 시스템인 경우는 더욱 그러하다. 이때 각 업무팀, 인프라팀 등에서 적극적으로 SW 아키텍처를 검토하고 보완사항, 추가요건을 빨리 제시해 주어야 한다. 그리고 SW 아키텍처가 조기에 검증되고 확정될 수 있도록 같이 협력해야 한다. SW 아키텍처는 혼자서 만들어낼 수 있는 결과물이 아니다. 여러 이해당사자가 함께 만들어 나가는 것이고 아키텍트는 그 활동의 리딩 역할을 수행하는 것이다. 또 SW 아키텍트가 별도로 투입되기 어려운 소규모 프로젝트에서는 PM, PL이 직접 아키텍트 역할을 수행할 수도 있을 것이다.

세 번째 잘못된 이해는 SW 아키텍트는 비즈니스는 몰라도 된다는 생각이다.

필자가 금융권 차세대 프로젝트인 B 프로젝트를 마쳤을 때다. 2년 가까운 시간 동안 아키텍트 업무를 수행하면서 다양한 비즈니스 요건을 이해하고 이를 구현하기 위한 시스템 구조를 정의하고 시행착오를 거치면서 금융권 업무에 대한 많은 지식을 습득할 수 있었다. 그리고 다음에 유사한 업무 시스템을 구축한다면 좀 더 짧은 기간에 더 효율적인 아키텍처를 수립할 수 있도록 관련 자료도 정리하고 준비하였다. 하지만 다음 프로젝트는 통신업무, 그 다음은 포탈 업무였고, 금융권 프로젝트를 다시 맡게 된 것은 4년이 지난 후였다. 결국 수 년간의 노력으로 축적한 경험과 지식을 계속 사용하지 못하고 생소한 업무, 생소한 기술환경에서 새로운 SW 아키텍처를 수립해야 했기에 계속적으로 발생하는 시행착오를 줄이기 쉽지 않았다.

SW 아키텍처는 서버, OS 등 인프라와는 다르게 비즈니스 영역에 따라 그 방향성과 내용이 크게 변경된다. 예를 들어 은행의 전산시스템은 24*365 가용성을 보장하는 방안, 증권사 전산시스템은 개장시점에 동시호가 처리를 위해 특정 시간대에 성능을 보장하는 방안, 포탈시스템은 전체 사용자의 단일접점 구성 및 다양한 사내업무시스템과 확장이 용이한 연계구성방안이 아키텍처 수립 시의 주요 요건이고 이를 구현하기 위한 아키텍처도 상이하다. 즉, 비즈니스 요건상의 목표시간, 사용빈도, 처리건수 등에 따라 서버의 구성방식, 도입 솔루션, 데이터 처리 흐름 등이 변경되기도 한다. 때문에 일반적으로 SW 아키텍처는 비즈니스 영역별로 구별되는 특화된 SW 아키텍처, 아키텍처 참조모델을 갖게 되고 SW 아키텍트도 오랜 기간 해당 비즈니스를 잘 알고 있어야만 적합한 SW 아키텍처를 리딩할 수 있다. 하지만 현실에서는 SW 아키텍트를 인프라 영역처럼 비즈니스와 상관없이 동일하게 적용 가능한 역할로 잘못 이해하고 있어 SW 아키텍트의 역할이 단순 프레임워크 지원 수준의 업무에 국한되고 비즈니스를 이해하는 상위 아키텍트로 성장하는 데 어려움을 주고 있다.

국내 현실에서 SW 아키텍트는 어떤 사람이 되어야 하는가?

앞서 살펴본 SW 아키텍트에 대한 잘못된 이해로 인해서 국내 SW 개발현장에서는 SW 아키텍트가 제대로 된 역할을 수행하지 못하는 경우가 많으며 해당 분야의 개발리더로 성장해 나가지 못하고 있다. 그러면 국내 개발현실에 맞추어 우리가 양성하고 성장시킬 SW 아키텍트의 구체적 모습을 살펴보자.

첫째, SW 아키텍트는 해당 업무영역에서 오랜 동안의 경험과 노하우를 갖춘 사람이어야 한다. SW 아키텍트는 기술과 비즈니스를 결합하여 전체 시스템 구조 및 구성을 설계하는데 두 가지 모두 어떤 업무

영역이냐에 따라 크게 바뀐다. 금융업무의 경우 금융상품을 통해서 돈을 유통시키고 그에 따른 수익을 창출하는 비즈니스를 수행한다. 이를 SW로 구현하기 위해 Cobol, C 언어를 주로 사용하고 계정계, 정보계 등으로 구성된 대형 정보시스템을 구축·운영한다. 이에 반해 포탈 솔루션의 경우에는 사용자 간의 정보를 공유·소통하는 비즈니스를 수행하며, 기술적으로는 Java 언어를 주로 사용하고 오픈소스, 모바일 등의 기술요소를 사용한다.

때문에 SW 아키텍트는 외부 기술지원인력이 아닌 해당 업무분야에서 오랜 경험을 갖춘 인력이어야 해당 업무영역에 적합한 SW 아키텍처를 만들기 용이하고 아키텍트로서 리더 역할을 수행할 수 있다. 이런 경우 아키텍처 관련된 SW 공학지식(아키텍처 설계기법, 아키텍처 Style, 아키텍처 수립 방법론 등) 및 아키텍처에 대한 도식화, 표현방법, 체계적인 접근방법 등에 대한 역량이 부족할 수도 있다. 그러나 이러한 역량은 PM이 되기 위해 프로젝트 관리를 공부하듯이 아키텍트로 성장하기 위해 추가적으로 공부하고 익혀나가야 할 역량이지 당장에 아키텍트 역할을 하기 위한 필수조건은 아니다.

둘째, SW 아키텍트는 SW의 핵심적인 기술부분을 잘 알고 있는 개발리더이다. SW 아키텍처를 수립하고 개발표준을 제시하기 위해서는 해당 SW를 전체적으로 잘 알고 있어야 한다. 모든 부분을 상세하게 알지 못하더라도 핵심 Core 부분의 구조와 구성을 상세히 알고 있다면 나머지 부가적인 부분은 개략적으로만 알고 있어도 된다. 그래야 전체 SW의 구조, 방향을 유지하면서 계속적으로 추가되는 사용자의 요구사항, 신기술 요건을 적합하게 붙여 나갈 수 있다. 사용자의 요구사항을 무조건적으로 반영하는 것이 아니라 전체 SW 구조 관점에서 필요한 것인지, 더 효과적인 적용방법은 없는지 고민하여 반영시킬 수 있다. 우리 주변의 솔루션 중 사용자 요구사항의 추가반영, 프로젝트 적용 시 예외적인 기능의 반영으로 인한 사이트 버전 발생 등으로 초기 솔루션의 구조를 유지하지 못한 채 처음부터 다시 개발되는 솔루션을 자주 볼 수 있다. 또 국내 SI 환경 특유의 차세대 시스템 구축사업도 유지보수 과정 중에 초기 SW 아키텍처를 유지하지 못한 채 난개발이 진행되어 재구축되는 사업으로 볼 수 있다. 시간이 오래 걸리기는 하지만, 추가 기능이 발생하면 반드시 본사의 연구소에서 검토하여 초기 SW의 구조와 방향을 유지하면서 기능이 추가되는 외산 솔루션들을 볼 때 SW 전반의 구조를 이해하고 지속적으로 유지시킬 수 있는 SW 아키텍트의 존재는 더욱 절실해진다.

셋째, SW 아키텍트는 SW의 기술적인 부분을 총괄하는 기술책임자이다. SW 아키텍트는 프레임워크, 인프라, 보안 등 각 기술요소별 담당자처럼 다양한 프로젝트에 투입되어 공통적인 기술지원을 수행하는 것이 아니다. 각 기술요소별 담당자를 일정계획에 맞게 배정하고 역할을 부여하여 프로젝트 내에서 정의된 SW 아키텍처를 구현해 나가는 것이다. 물론, 처음부터 SW 아키텍트가 위와 같은 기술총괄 역할을 수행할 수 있는 것은 아니다. 대부분 초기에는 프레임워크 담당자 또는 공통모듈 개발자로서 프로그램의 처리구조를 정의하는 역할부터 하게 된다. 이후 업무영역을 확대해 나가면서 SW 개발과 관련된 다양한 솔루션, H/W, S/W, DB 부분까지 확대하여 전체 SW 구조를 기획·설계하는 역할을 맡는 SW 아키텍트로 성장하게 된다.

잠시, 필자가 신입이었던 90년대 후반의 프로젝트를 생각해보자, 당시 차세대급 병원 프로젝트에 투입되어 처음 개발업무를 맡게 되었는데 약 30여 명의 개발인력이 4개 파트로 분리되어 PM, PL, 개발자, 협력업체로 구성되어 있었다. 아직 SW 개발역할이 세분화되어 있지 않은 때여서, 각자 한두 개 이상의 추가 업무를 맡고 있었고 PL 중에 기술전문성이 가장 높은 인력, 일반적으로 PM의 오른팔이 시스템의 구조정의, 개발표준정의 및 공통모듈 설계/개발 등 앞서 얘기한 SW 아키텍트 업무를 수행하였다. 체계화되지는 못했지만 아키텍처 관련 중요 의사결정은 PM과 여러 PL들 간의 업무회의를 통해서 결정되었다. 프로젝트에 대한 관리업무(일정관리, 품질관리, 위험관리 등)는 PM, PL이 여유가 날 때 수행하는 부가적인 업무였다. 당시에는 SW 아키텍처가 업무와 분리되지도 않았고, PM, PL이 해당 업무에 대한 경험과 지식이 풍부하여 중요 아키텍처에 대한 의사결정을 직접 하는 것이 가능했던 것으로 기억한다. 또 모르는 부분이 있으면, 밤새 해당 부분의 관련자료, 벤더제공자료를 공부해서 필요한 부분을 채웠다.

필자는 위와 같은 예전 개발현장의 모습이 더 좋지 않을까 생각된다. CMMI[Capability Maturity Model Integration][35], IEEE 1471[36] 같은 국제적인 품질표준을 인증받지는 못했지만, PM, PL은 프로젝트 관리뿐 아니라 개발하는 SW의 실제 내용과 구조를 대부분 알고 있

---

35. "능력 성숙도 모형 결합-위키백과, 우리 모두의 백과사전." 2010. 6. 2014
36. "IEEE 1471-위키백과, 우리 모두의 백과사전." 2013. 6. 2014

었고 밑의 개발자들을 리딩했었다. 그 중 기술적인 전문성이 가장 높은 PL이 기술총괄 역할을 맡아 다양한 솔루션, H/W, S/W를 관리하고 SW의 전체 구조, 방향을 정하였다. 그런데 최근의 SW 개발현장은 어떠한가? 예전보다 더욱 복잡해진 SW 구조, 날마다 새롭게 나타나는 신기술, 개인정보 보호로 점점 강화되는 보안정책 등으로 인해 SW 개발은 더욱 복잡하고 어려운 일이 되었다. 반면 PM, PL은 점점 더 행정적인 관리업무에만 치중하고 실제 SW 개발 본질에 대해서는 잘 알지 못하는 경우가 많지 않은가? 다양한 솔루션이 적용되지만 사용자의 요구사항, 업무처리흐름과는 상관없이 제품의 기능만 나열되지 않는가?

필자는 SW 아키텍트가 프로젝트의 문제해결자이자 슈퍼맨이라고 생각하지 않는다. 단지 대상 SW에 대해서 풍부한 경험과 내용적인 지식을 가지고, SW의 핵심부분을 구현하고 가이드하는 정도의 실력이라면 훌륭한 SW 아키텍트가 될 수 있다고 생각한다. 그리고, 이제는 그냥 말로만 외치고 SW 공학적 지식만 가르치는 SW 아키텍트 양성이 아니라, SW 아키텍트가 무엇을 하는지를 분명히 알고 그에 맞는 실전 경험과 지식을 쌓을 수 있는 과정을 통해서 양성하는 것이 필요하다고 생각한다.

최근 IT 뉴스를 보면 막대한 예산을 투자한 다수의 대형 프로젝트가 테스트도 제대로 수행하지 못하고 망가지거나 재사업을 수행하는 경우를 자주 볼 수 있다. 프로젝트마다 다양한 이유가 있겠지만, 공통적으로 제시되는 문제점은 "리더가 없다", "초기 방향, 의사결정이 잘못

되었다"였다. 즉, 초기 SW 아키텍처 수립 및 의사결정에 문제가 있었다는 것이다. 또 대형 프로젝트의 경우 200~300명이 넘는 다수의 개발자를 단지 출석부와 산출물 작성 유무로 형식적으로 관리·통제하는 데는 한계가 있다. 해당 시스템에 적합한 SW 아키텍처의 빠른 의사결정 및 개발표준, 내용중심의 관리·통제가 이러한 SW 개발 프로젝트의 실패를 미연에 예방할 수 있다. 때문에 SW 아키텍트가 핵심인력으로 인정받는 것이고, 이 핵심인력을 양성하는 것이야말로 SW 개발 선진화를 위한 중요한 과제인 것이다.

CHAPTER 15

SW 아키텍트로 성장하기

SW 아키텍트를 꿈꾸는가

몇 년 전부터 국내에서는 SW 산업 선진화를 위해서 SW 개발분야의 최고 전문가인 SW 아키텍트 양성이 필요하다는 얘기가 많이 나오고 있다. 정부 교육기관을 포함해서 여러 교육기관에서 SW 아키텍트 양성과정을 개설하고 있으며, 대형 SI 회사 및 SW가 핵심요소가 되어버린 제조업체에서는 SW 아키텍트팀을 신설하고 자체적인 SW 아키텍트 양성과정을 만들기도 하였다. 이러한 노력으로 이제는 주변에 SW 아키텍트라는 직함을 가진 분들을 자주 볼 수 있게 되었고 대형 개발 프로젝트에는 필수적으로 아키텍트를 참여시키는 것이 어느 정도 정착되지 않았나 생각된다. 최소한 필자가 처음 SW 아키텍트라는 역할로 프로젝트에 투입되어 업무를 수행했던 십여 년 전에 비하면 많은 긍정적인 변화가 있었다.

그러나 아직까지 국내 SW 개발현장에서 SW 아키텍트의 역할이 PM, PL처럼 명확하게 정립되어있지 못하고, 하나의 프로젝트, 솔루션을 리딩해서 끌고 나갈 수 있는 능력 있는 SW 아키텍트의 수도 매우 부족하다. SW 아키텍트는 프로그래머처럼 프로그래밍 교육을 몇 번 받았다고 해서 할 수 있는 역할이 아니고 교육과 함께 오랜 기간의 경험과 지식이 축적되어야 하는 인력이기 때문이다.

SW 아키텍트의 역량이나 자격요건과 관련하여 주위 사람들이나 관련자료를 찾아보면, "개발경험이 많아야 한다." "고참개발자가 그냥 SW 아키텍트다." "기술 전문성이 풍부해야 한다." "고객과 커뮤니케이션을 잘 해야 한다." 등 여러 가지 대답을 들을 수 있다. 어떤 면에서는 맞는 말이기도 하고 어떤 면에서는 잘못된 답변이기도 하다.

개발경험이 아무리 많고 개발에 능수능란한 개발자도 계속 동일한 유형의 개발 업무만 반복적으로 수행한다면 자기만의 세상에 갇혀서 편협한 시각을 가질 수 있다. 기술 전문성이 매우 뛰어난 기술 전문가라고 해도 본인이 속한 업무를 잘 이해하지 못하면 고객과의 커뮤니케이션에 문제가 발생할 것이다. 연차가 높은 고참개발자라도 업무 영역을 시스템 전반으로 확대하지 못하고 일부 모듈만 반복적으로 개발하고 있다면 초급 개발자와 크게 다르지 않을 것이다. 말을 잘하고 고객을 잘 설득하는 사람이라도 기술적인 전문성이 없으면 구현 불가능한 시스템을 기획·설계하여 결국 해당 프로젝트는 실패로 끝나고 말 것이다.

이런 점들을 고려해 볼 때 SW 아키텍트는 어느 한 부분의 역량만 뛰어나서는 안 되고 여러 분야에 걸쳐 폭넓은 역량을 갖추어야 한다.

때문에 SW 아키텍트를 '슈퍼맨'으로 표현하는 분들도 있고 'SW 아키텍트가 알아야 할 ○○가지' 같은 책이 인기를 끌기도 하였다. 하지만 어떻게 사람이 슈퍼맨이 되고 SW 개발과 관련된 모든 것을 알 수 있겠는가? 만약, 그래야 한다면 SW 아키텍트를 할 수 있는 사람은 없을 것이다. 모든 기술을 다 알지 못해도 주요 핵심역량과 오랜 현장경험이 있다면 SW 아키텍트로 역할을 수행하는 데 큰 문제가 없다. SW 아키텍트가 되기 위해 갖추어야 할 핵심역량이 무엇인지 살펴보자.

SW 아키텍트의 핵심역량

먼저, 객관적인 근거를 살펴보자. 국내에서 유일하게 SW 아키텍트 자격 인증을 시행하고 있는 한국소프트웨어기술진흥협회[37]에서는 SW 아키텍트의 필요 역량을 다음과 같이 16가지로 정의하고 있다.

카테고리	내용	역량 항목	역량 요소
Core	기본역량	SW 아키텍처 의사결정	개념이해, 아키텍처 사고방식, 요구사항 도출 및 조정, 비전 및 목표수립, 의사결정 및 리딩
Process	단계별 아키텍트 업무수행 역량	SW 아키텍처 정의	시스템 범위 및 시스템 단위의 정의, 요구사항의 방안제시, 문서작성 및 기법, 자산 확보 및 재사용 활용방안
		SW 아키텍처 절차와 방법론	방법론 이해 및 적용, 절차와 방법 정의, 테일러링 및 응용능력, 산출물 설계 및 작성

---

[37] 한국소프트웨어기술진흥협회 : 국내 소프트웨어 산업의 경쟁력 확보와 산업 선진화를 위하여 SW 기술역량을 결집하고 종합적으로 지원하는 민간단체

		SW 아키텍처 기반 프로젝트 계획 수립	WBS 테일러링 경험, 상황별 우선순위 결정, 아키텍처 전략수립
		SW 아키텍처 요구사항 관리	요구공학 적용, 요구사항 도출/정제화, 문서화, 우선순위 결정, Conflict 및 Trade-off도출/해소, 관리방안 수립 및 적용
		SW 아키텍처 구현 및 가이드	아키텍처 대안설계, 대안 의견 제시, 개발방법 리딩, 실행 아키텍처 구현
		SW 아키텍처 검증 및 평가	품질목표 이해, 측정 가능한 평가항목 도출, 환경구성 및 검증테스트 리딩, 적절성 여부 검증, 평가방법 정의
		SW 아키텍처 위험관리	개발생명주기 이해, 위험요소 예측 및 대응방안 확보, 관리정책 리딩
		SW 아키텍처 자산화	Reuse Asset Specification 이해, 재사용정책, 프로세스·Repository·Governance 수립 및 실행, 레퍼런스 아키텍처 기반 자산화 수행, 소스·비즈니스·프레임워크 등 애플리케이션의 재사용을 위한 아키텍처 반영
Technology & Skill	SW 아키텍처 필요 기술/스킬	SW 아키텍처 스타일 활용	패턴 이해, 패턴 적용, 영향도 파악, 기술이슈 해소
		SW 아키텍처 요소기술 활용	솔루션 선정, 연계방안 제시
		SW 아키텍처 관련 트렌드 활용	IT기술 기본이해도, 환경변화 예측, 최신기술활용
People	이해관계자와 협업역량	컨설팅	대인관계, 문제식별, 해결방법 제시, 문제해결, 실행지원 등
		리더십	방향제시, 동기부여, 영향력 발휘, 부하 육성, 목표달성 등
		커뮤니케이션	프리젠테이션, 문서화, 이해관계자 설득, 의견 충돌 시 중재 등
		협상	파트너십 구축, 합법적 가이드라인 제시, 대책안 제시 등

출처 : 한국소프트웨어기술진흥협회

위에 제시된 내용들은 아키텍트 국제인증인 Open CA[38]에서 제시하는 SW 아키텍트 역량을 기반으로 많은 국내 SW 전문가들에 의해서 정의된 것으로 SW 아키텍트로서의 자격을 확인하는 데 신뢰성 있는 기준이라 말할 수 있다. 아직 SW 개발에 대해서 깊은 지식과 오랜 경험이 없는 초보자들이 보기에는 내용도 많고 어려운 용어도 많을 것이다. 16가지 모든 역량에 대해서 모두 설명하면 좋겠지만, 가장 기본이 되는 4가지 역량, 기술역량, 체계적인 사고, 리더십, 커뮤니케이션 역량에 대해서 살펴보자.

당연한 얘기지만 SW 아키텍트는 충분한 기술역량이 있어야 한다. SW 아키텍트는 업무 전문가가 아니고 기술분야의 전문가이자 리더이다. 여기서 기술이란 SW 개발을 위해서 필요한 모든 기술을 포함한다. 프로그래밍을 위해 필요한 Design Pattern[39], 개발 프레임워크[40]부터 단위 시스템을 구성하기 위해 필요한 상용 솔루션(COTS)[41], 오픈 소스 등 요소기술 그리고 To-Be 아키텍처 수립을 위한 Big Data, 클라우드 등 최신 IT 기술 트렌드까지가 포함된다. 정말 많다. 때문에 계속 공부하고 노력해야 하는 사람이 SW 아키텍트이다. 하지만 앞서 얘기했듯이 슈퍼맨이 될 수는 없으므로 이 많은 기술을 모두 자세히 알고 있을 필요는 없다. 해당 SW의 핵심이 되는 한두 가지 기술, 주로 시스템의 기반처리구조, 프레임워크 기술 정도만 상세히 알고 나머

---

38. Open CA : 국제 IT 기술표준 제정기구인 오픈그룹의 아키텍트 자격인증제도
39. Design Pattern : SW 설계 시 자주 발생되는 공통적인 문제에 대한 표준적인 해법
40. 개발 프레임워크 : 응용 SW를 구현하기 위한 기본적인 뼈대, 공통적인 구조를 구현해둔 SW(예 : Spring Framework, 전자정부 표준 프레임워크)
41. COTS(Commercial Off-The-Shelf) : 상용 소프트웨어, 상용 솔루션

지 기술들은 필요한 요건을 파악하여 점검하고 고객이나 개발자에게 개략적인 설명을 할 수 있는 정도면 된다.

일반적으로 개발 프로젝트의 분석/설계단계에서 SW 아키텍트는 해당 단위시스템의 SW 아키텍처를 정의하게 된다. SW 아키텍처를 정의할 때 크게 2가지 작업을 수행하는데, 하나는 업무팀 개발자들이 개발하게 될 프로그램의 기본처리구조 및 공통구조를 도입된 프레임워크, Design Pattern을 활용하여 정의하는 작업이다. 다른 하나는 프로젝트에 도입된 다양한 상용솔루션 또는 오픈 소스를 아키텍처 구조에 알맞게 커스터마이징하는 작업이다. 이때 도입된 다양한 솔루션을 세부 내용까지 모두 알 필요는 없고 전체 아키텍처에서 필요한 기능/기술 요건을 정의하고 해당 요건이 적합하게 구현되는지를 확인하면 된다.

예를 들어 프로젝트에서 BPM(Business Process Management)[42] 솔루션이 도입되어 적용해야 한다면, 아키텍트는 기존 시스템과 BPM과의 연계방안, 트랜잭션 보장방안, BPM의 성능보장방안 등 주요 아키텍처 의사결정 부분에 대해서 관련 이해당사자와 솔루션 전문가와 협의를 통해서 각 방안에 대한 처리구조를 정의하고 해당 처리구조를 구현하는 데 문제가 없는지 솔루션을 검증한다. 여기서 문제가 발생되거나 솔루션이 정의된 아키텍처 구조를 지원하는데 제약이 있는 경우 커스터마이징을 통하여 보완한다. 또 SW 아키텍트는

---

42. BPM(Business Process Management) : 비즈니스 프로세스를 규격화하고 시스템으로 자동화하여 기업의 업무개선, 혁신을 지원하는 솔루션

ISP(Information Strategy Planning)[43] 같은 컨설팅 프로젝트에도 참여하여 To-Be 아키텍처, 시스템 청사진을 기획하기도 한다. 이때 최신 IT 기술 트렌드와 다양한 상용 솔루션에 대한 폭 넓은 기술지식이 필요하다. 아키텍트는 IT 기술 트렌드를 To-Be 아키텍처에 어떤 방식으로 적용할지와 구현 가능한 솔루션을 파악하고 이를 바탕으로 설득력 있고 실행 가능한 To-Be 아키텍처 수립전략을 만들 수 있어야 한다.

둘째, SW 아키텍트는 공학적·체계적인 사고방식을 가지고 업무를 수행할 수 있어야 한다. SW 아키텍처를 정의하는 것은 프로그래밍을 하는 것보다 훨씬 복잡한 작업이다. 아키텍처가 수립·변경되었을 때 영향을 받는 이해당사자가 많고, 요소기술이 변경됨에 따라 사업금액이 수 억씩 변동될 수도 있다. 또 프로그램 공통구조가 변경됨에 따라 수 많은 개발자가 며칠간 야근을 더 해야 할 수도 있다. 때문에 SW 아키텍처를 생각나는대로 주먹구구식으로 만들 수는 없다. 체계적인 절차, 방법으로 충분한 근거를 갖고 만들어야 한다. 그렇지 않으면, 불이익을 받는 이해당사자의 공격에 제대로 된 방어를 할 수 없을 것이다. 충분한 근거와 검토 없이 중요 의사결정이 목소리 큰 사람에 의해서 좌우되는 프로젝트의 위험성에 관해서는 따로 말하지 않아도 모두 알고 있을 것이다.

예를 들어, 금융권의 배치 아키텍처를 정의한다고 하자. 먼저, 현

---

43. ISP(Information Strategy Planning) : 회사의 경영목표 및 전략을 효과적으로 지원하기 위한 정보시스템의 비전과 전략을 수립하는 활동

행 배치 시스템의 현황분석 및 문제점을 파악하기 위해 구성 및 목록을 정리하고 관련 당사자 인터뷰 및 장애이력을 확인하여 개선 Point를 찾아야 할 것이다. 다음으로 고객의 요구사항과 도입된 기술요소를 결합하여 구현 가능한 배치 아키텍처를 수립해야 한다. 이때 여러 가지 의사결정 사항을 정리해야 하는데, 가장 기본적인 개발언어부터 성능관점에서 배치 프로그램의 구동서버위치 및 배치기동시간, 프로그램 구조관점에서 공통모듈구성 및 배치헤더 정보, 운영/유지보수 관점에서 배치 스케줄 관리 방법 및 작업 모니터링 방안 등을 균형 있게 검토하여 최적의 안으로 최종 아키텍처를 정의하여야 한다. 또 SW 아키텍트는 아키텍처 정의 과정에서 많은 양의 문서를 작성하여 다양한 이해당사자를 설득시켜야 한다. 이러한 일련의 과정들이 체계적으로 수행되고 논리적으로 결과가 정리되어야 다양한 이해당사자들을 설득시키고 협조를 구할 수 있는 것이다.

셋째, SW 아키텍트는 강한 리더십, 오너십을 갖춰야 한다. SW 아키텍트가 다루는 업무는 대부분 특정 팀에 속하지 않고 여러 팀이 상호 연관된 것이다. 즉 시스템 전반적이며 공통적인 업무가 많다. 이럴 때 리더가 없는 프로젝트에서는 해당 업무를 누가 리딩할지 쉽게 결정이 나지 않고 이로 인해 일정이 지연되는 경우가 자주 발생한다. 심지어는 서로 해당 업무를 맡지 않으려고 지루한 논쟁을 벌이는 경우도 많다. SW 아키텍트는 이러한 상황에서 리더가 되어 기술적인 문제를 해결해 나가야 한다. 그리고 여러 팀들의 협조를 이끌어내고 각각의 담당자에게 적합한 역할을 부여하여 해당 업무가 완료될 때까지 리딩을

해 나가야 한다. 프로젝트에서 공통파트의 업무를 수행해본 적이 있다면, 공통업무의 어려움을 잘 알 것이다. 나 혼자 열심히 한다고 해결되는 일이 아니고 다른 사람들, 그것도 다른 팀, 다른 회사 사람들을 이끌고 공동 책임성 업무를 수행해 나가야 하는 것이다. 자칫 잘못하면 결과가 흐지부지 되거나 참여자의 협조가 부족해 제대로 진행을 해 나갈 수 없기 때문에 아키텍트는 강한 리더십과 책임감으로 일을 추진해야 한다.

예를 들어 프로젝트 내에 새로 도입된 솔루션이 실제 적용 시 기술적인 문제가 파악되어 업무적인 추가 검증 및 보완이 필요하다고 가정하자. 해당 작업을 수행하려면 솔루션 엔지니어, 관련된 업무팀 개발자, 인프라 담당자, DB 담당자 등 다양한 분야의 담당자들이 모여야 진행이 가능하다. 이때 SW 아키텍트의 리더십이 필요하다. 경험 많은 SW 아키텍트는 위와 같은 상황에서 먼저 체계적인 접근 방법을 통해서 검증해야 할 항목을 빠짐없이 도출하고 파일럿을 수행하기 위한 세부 수행계획을 수립할 것이다. 그리고 각 팀의 필요인력과 역할을 할당하고 정해진 일정 내에 목표를 달성하기 위해 관리 및 통제를 수행할 것이다. 기술영역에 대해서는 SW 아키텍트가 PM 또는 PL의 역할을 수행한다.

넷째, SW 아키텍트는 뛰어난 커뮤니케이션 능력을 갖춰야 한다. 여기서 얘기하는 커뮤니케이션 능력이란 단순히 말을 잘 하는 것이 아니라, 서로 다른 언어로 이야기하는 고객(비즈니스 언어)과 개발자(프로그램 언어)의 상호 눈높이를 맞추어서 어려운 SW 아키텍처 내용을 쉽게 전달하고 고객과 개발자의 정제되지 않은 요구사항, 문제사항을 신속하게 파악·정리할 수 있는 능력을 말한다. 어떻게 생각하면, 가장 갖추기 어려운 능력일 수도 있는데, 먼저 자기 주장은 최소화하고 고객과 개발자가 하는 이야기를 충분히 듣고 이를 구성도, 개념도와 같이 이해하기 쉬운 내용으로 도식화·문서화하여 제3자가 쉽게 이해할 수 있도록 해야 한다.

필자가 A프로젝트에 투입되었을 때의 일이다. 해당 프로젝트에는 ○○ 프레임워크가 도입되었는데 당시에는 개발 프레임워크 적용 초기여서 개발자들의 프레임워크에 대한 이해가 부족하여 개발단계의 기술지원을 위해 본사에서 실력이 뛰어난 프레임워크 전문가가 같이 투입되었다. 당연히 개발자의 프레임워크 교육을 투입된 기술지원 담당자에게 맡겼는데 작성된 교육자료와 개발자들의 반응을 보니 문제가 발견되었다. 기술지원 담당자의 관점으로만 작성된 교육자료와 강의 방식이 개발자들에게 너무 어려웠던 것이다. 자바 초급 개발자들이 대부분인 상황에서 프레임워크의 복잡한 내부 트랜잭션 처리구조, 메모리 할당구조 등을 설명한 것이다. 물론 그런 내용까지 개발자가 알면 좋겠지만, 현장에서 당장 개발을 진행해야 하는 개발자에게는 따분하고 효과 없는 교육이 되어버린 것이다. 결국 투입된 기술지원 담당자는 돌려보내고 필자가 개발자 입장에서 개발에 필수적인 내용들, 공통 API사용법, 거래유형별 샘플소스 등을 중심으로 새롭게 교육자료를 만들고 교육을 진행하여 개발자들의 높은 호응을 받을 수 있었다.

실제 개발현장에서 SW 아키텍트는 대부분의 시간을 관련 이해당사자들과 회의하고 수립된 아키텍처 정보를 전달하는 데 할애한다. 이때 이해당사자들의 눈높이에 맞춰서 커뮤니케이션을 할 수 없다면, 결과는 불 보듯 뻔할 것이다. 가장 중요한 것은 상대방의 입장을 이해하고 상대방의 관점에서 한번 더 생각해 보는 것이다.

SW 아키텍트로 성장하려면

SW 아키텍트의 핵심역량을 어느 정도 이해했다면, 이제 어떻게 SW 아키텍트로 성장할 수 있는지 살펴보도록 하자. SW 아키텍트도 좀 더 세부적으로 보면 경력과 역할에 따라 Junior 아키텍트, Senior 아키텍트, Master 아키텍트로 구분할 수 있다.

먼저, Junior 아키텍트는 주로 시스템의 공통모듈, 프레임워크 개발 및 지원을 담당한다. Junior 아키텍트 단계에서는 개발역량이 가장 중요하다. 일단 일반 개발자들보다는 개발능력이 뛰어나야 하고 Design Pattern 활용하여 다양한 유형, 주로 공통모듈, 프레임워크 기반모듈의 개발이 가능해야 한다. Junior 아키텍트에서 어느 정도 경험이 쌓이고 대형 프로젝트에 투입되면 Senior 아키텍트로 성장할 수 있다.

Senior 아키텍트는 공통모듈 및 프레임워크 개발은 Junior 아키텍트 또는 관련 개발자에게 맡기고 프로젝트 또는 시스템 전체의 아키텍처를 수립하고 관련 이해당사자를 리딩한다. 먼저, 도입된 다양한 요소기술의 검증 및 솔루션의 필요한 기술요건을 제시하여 커스터마이징을 리딩하고 이후에는 아키텍처 의사결정을 통해서 이해당사자에게 아키텍처 내용을 전달하며, 개발 중 아키텍처 표준 준수에 대한 관리·통제 등의 업무를 수행하게 된다.

마지막으로 Master 아키텍트는 솔루션 회사라면 개발 센터장급, SI

회사라면 Master PM 또는 기술위원급, 외국계 컨설팅사의 경우 파트너, 상무급의 임원을 말한다.

그러면, 어떻게 SW 아키텍트로서 업무를 시작해 볼 수 있을까? 운이 좋은 경우라면 회사 내에 아키텍처팀이 있어서 SW 아키텍트 직무를 부여받고 시작을 할 수 있을 것이다. 하지만 직무를 부여받았다고 모두 SW 아키텍트가 될 수 있는 것은 아니고 SW 아키텍트서의 역할을 수행할 수 있어야 한다. 먼저 프로젝트 또는 솔루션의 프레임워크 개발자가 되어보도록 하자. 프레임워크 개발자가 되면 SW 아키텍처에서 정의한 시스템의 기반구조를 구현하는 역할을 하게 된다. 공통모듈이 변경될 때마다 다른 팀 개발자에게 주는 변경영향도가 크기 때문에 다른 팀 개발자와 빈번한 커뮤니케이션이 발생되고 공통모듈의 사용방법을 교육·가이드하는 일을 자주 하게 되어 자연스럽게 Junior 아키텍트가 수행해야 하는 역할을 익혀나갈 수 있다. 이때 본인 생각대로만 하지 말고 아키텍처 방법론을 기반으로 다른 팀의 개발자 관점과 시스템 전반의 구조를 고민하면서 업무를 수행한다면 이미 준비된 Junior 아키텍트라 할 수 있다.

프레임워크 개발자로서 3~4년 정도 경험을 쌓았다면, 점점 업무범위를 프레임워크와 관련된 범위로 확장하도록 하자. 시스템의 담당 범위를 온라인 프로그램에서 배치 프로그램, 대외/대내 인터페이스 프로그램 등 시스템 전체영역으로 확대해 나갈 수 있다. 또 투입되는 프로젝트 범위를 중소형 프로젝트에서 차세대급 대형 프로젝트로 확대해 나갈 수 있다. 이때 가능한 비즈니스 영역은 한두 군데로 국한시켜 주는 것이 좋다. 이렇게 본인의 업무 범위를 확대해 나감으로써 점점 기술을 보는 시야를 업그레이드할 수 있다. 개발언어, 프레임워크만 잘 알아서는 아키텍트로 성장하기 어렵다. 특히, SI 분야라면 최소한 2~3번의 차세대급 대형 프로젝트의 투입경험과 대형 프로젝트에 적용되는 10개 이상의 다양한 솔루션과 프레임워크를 관리 가능한 수준으로 알고 있어야 한다. 또 인프라, DB 부분에 대해서도 기본적인 구조, 기술요건 등을 알아야 한다. 실제 Senior급 아키텍트는 프로젝트에서 주로 기반기술PL, 공통PL 역할로 투입되는데 애플리케이션의 기반구조 외에 도입된 다양한 솔루션 및 인프라 관리까지 포함하여 업무를 수행하게 된다. 이렇게 수년간의 경험을 쌓으면, 아키텍트로서 어느 정도의 기술에 대한 통찰력을 얻을 수 있을 것이다.

마지막으로 아키텍트로서 더 성장하기 원한다면, 컨설턴트로서 시스템 기획과정에 참여해 보자. 일에 상하관계가 있는 것은 아니지만, 일반적으로 정보시스템은 시스템을 기획한 후에 이를 프로젝트로 구현하는 순서로 진행된다. 당연히 초기 기획의 결과에 따라 이후 프로젝트의 성공 여부와 시스템 전체의 성공 여부가 결정될 수 있다. 사실 시스템 기획단계에서 대부분의 중요한 아키텍처 의사결정은 이미 결정 난다. TO-Be 아키텍처에 대한 시스템 청사진, 새롭게 도입한 신기술, 시스템 각 부분을 구성할 솔루션, 자체개발인지 패키지 도입인지에 대한 개발방식 등 본인이 Senior급 아키텍트가 되었다면 이제 컨설팅에 도전하고 싶은 의욕이 생길 것이다. 하기 싫다고 해도 그 정도 연차와 능력이 있다면 회사에서 시킬 것이다.

예전 컨설팅은 업무프로세스, 조직 관련 컨설팅이 주였다. 하지만 IT

가 회사 업무를 수행하는 핵심 경쟁력이 된 이후로는 IT 컨설팅의 중요도가 점점 커지고 있다. 비즈니스 컨설턴트가 새로운 업무전략, 기획을 만들면 실제 구현 가능한 IT 시스템을 기획하는 것을 IT 컨설턴트가 담당하는데 기술전문성과 풍부한 시스템 구현 경험을 갖춘 SW 아키텍트가 수행하기 좋은 업무영역이라고 말할 수 있다.

필자의 경우 처음 5년은 아키텍트에 대해서 아무것도 모른 채 이것저것 그냥 열심히 하는 개발자였다. 하지만 우연한 기회에 회사 내의 아키텍트 부서로 이동해서 SW공학, 프레임워크 개발을 접하면서 SW 아키텍트로 경력을 시작하였고 17회가 넘는 다양한 중대형 SI, 컨설팅 프로젝트를 경험하면서 부족하나마 어느 정도 역할을 할 수 있는 Senior 아키텍트로 성장할 수 있었다.

정리해보면 하나의 분야에만 계속 안주하지 않고 개발자에서 프레임워크 담당자로, 또 다시 시스템 전반을 기획 · 진단 · 구축할 수 있는 IT 컨설턴트로 계속해서 업무 분야를 변화시키면서 업무영역을 확장하고 다양한 프로젝트와 기술을 경험했던 것이 많은 도움이 된 것 같다.

SW 아키텍트가 되는 것은 그렇게 간단한 일이 아니다. 오랜 기간의 학습과 경험이 필요하다. 꾸준히 공부하고 자신을 변화시켜 나가야 한다. 어려운 일이지만 SW 아키텍트는 단위 시스템을 기술적인 부분에서 전체적으로 조율, 지휘하는 지휘자이고 SW 개발분야에서 개발자가 도달할 수 있는 최종 목표 중 하나이기 때문에 그만한 가치가 있다고 생각한다.

바야흐로 SW 세상이다. 미래 세상에 SW의 중요성은 점점 커질 것이다. SW가 중심이 되는 세상에 당연히 SW를 다루는 인력의 수요도 점점 커질 것이다. 특히 SW 분야의 최고 전문가 중 하나인 SW 아키텍트의 수요는 더욱 커질 것으로 예상된다. SW 아키텍트는 프로젝트 또는 솔루션 개발 시 개발리더가 될 수 있다. 리더십, 커뮤니케이션 능력까지 겸비한다면 IT 기획자, 컨설턴트, 기술영업 등 다양한 분야로의 진출도 용이하다. 아직 국내에는 드물지만 SW 전문회사인 경우 회사의 임원으로도 성장할 수 있을 것이다. SW 아키텍트를 꿈꾸고 있다면 지금부터 도전해보자.

CHAPTER 16

SW 개발방법론 100% 활용하기

SW 개발방법론, 잘 사용하고 계신가요?

SW 업계에 종사하는 사람이라면 SW 개발방법론에 대해서 여러 차례 듣기도 하고 실제 개발업무에 적용해 본 적도 있을 것이다. SW 개발방법론은 SW 공학에서 다루는 주요 주제이기도 한데 실제 눈에 보이지 않는 SW 개발작업을 체계화하여 가시적으로 개발현황을 파악하고 이를 효과적으로 관리 · 활용하는 방법을 정리한 체계로 SW 개발을 수행하기 위해서는 반드시 사전에 준비되어야 하는 필수 요소다.

때문에 어느 정도 규모가 되는 SW 회사라면 대부분 자체적으로 개발방법론을 수립하여 회사 구성원들이 해당 방법론을 준수하도록 가이드하고 있고, 대형 SW기업의 경우 자사 개발방법론 수준 및 개발역량이 세계적인 수준이라는 것을 증명하기 위해 SW개발 수준역량을 평가하는 국제적 표준인 CMMI(Capability Maturity Model ntegration)⁴⁴ 인증을 획득하여 겉으로는 국내 SW의 개발수준은 거의 국제수준이 근접한 것으로 보여진다. 하지만 실제 프로젝트 현장에서 개발방법론을 사용하여 국제적인 수준으로 SW 개발을 수행하고 있을까? 필자를 포함해서 누구도 이에 대해 '그렇다'라고 답변하기 어려울 것이다.

필자는 오랫 동안 SW 아키텍트로 여러 중/대형 SI 프로젝트에 기술지원활동을 하면서 프로젝트 상황에 맞게 개발방법론을 적용하는 역할을 수행해 왔는데 프로젝트 현장에서 개발방법론 가이드를 위해 많은 관리자, 개발자들을 만나다보면, 잘 이해하고 따라주는 경우도 있었지만, 매우 어렵게 생각하거나 "개발방법론은 이론뿐이고, 실제 개발현장에서는 동일하게 적용하기 힘들다.", "개발방법론은 품질담당자가 알아서 할 일 아닌가?", "실제 개발업무와는 상관없는 일이니 정해주는 대로 그냥 만들기만 하겠다." 등의 비판적이거나 무관심한 태도를 보이는 경우를 자주 볼 수 있었다. 한편으로는 이런 태도가 이해가 되는 것이 개발방법론이 일반 개발자들이 접근하기 쉽지 않은 두꺼운 분량의 복잡한 내용으로(심지어는 영어로) 작성되어 있고, 품질이라는 명목 하에 실제 개발과는 동떨어져 보이는 관리 또는 근거를 위한 산출물을 끝도 없이 만들어 내는 경우가 많기 때문일 것이다. 또 프로젝트 상황과 맞지 않음에도 회사에서 정해준 수행절차와 산출물 작성양식을 한 글자도 고치지 않고 융통성 없이 그대로 사용하는 경우도 많은데, 이유를 물어보면 "회사에서 정해준 기준이니 지켜야 한다."는 것

---

44. CMMI : 미국 카네기멜론대학 SEI(Software Engineering Institute)에서 정의한 SW개발 성숙도 수준 측정모델

이다.

물론 개발방법론을 잘못 적용하거나 불필요한 산출물을 몇 개 더 만든다고 해서 프로젝트가 망가지지는 않는다. 하지만 그때마다 프로젝트 참여자들은 하루 더 야근하고 한 번 더 주말근무를 하게 될 것이고, 만들어지는 산출물의 정확성과 품질은 점점 떨어질 것이다. 위와 같은 사례를 볼 때, 국내 SW 개발현장은 아직까지도 개발방법론이 제대로 내재화되지 못하고 있다는 생각이 든다. 모두들 개발방법론을 사용하고 있지만, 그 의미를 제대로 알고 프로젝트 상황에 맞게 사용하는 경우가 얼마나 있을까? 개발 프로젝트에서 SW 개발방법론을 제대로 알고, 활용해서 개발 생산성을 높이려면 어떻게 해야 하는가?

SW 개발방법론에 대한 잘못된 이해

SW 개발방법론을 제대로 활용하고 싶다면, 먼저 SW 개발방법론이 무엇인지 정확히 알아야 한다. 실제 의미를 제대로 이해하기 위해서는 2~3차례의 프로젝트 전체 단계에 대한 PM 또는 PL 수준의 수행 경험과 한 달 이상의 오프라인 교육 정도는 받아야 가능할 것이다. 때문에 여기서 SW 개발방법론에 대해서 전부 이야기하기는 어렵다. 쉬운 접근을 위해서 일반적으로 잘못 알고 있는 부분에 대해서 살펴보고 기본적인 개념을 이해하도록 하자.

첫째, "SW 개발방법론의 목적은 산출물 작성이 아니다." SW 개발방법론의 원래 목적은 SW 개발 과정, 절차를 높은 수준으로 체계화·표준화시키고 개발경험을 축적시켜 효율적인 SW 개발이 진행되도록 가이드하는 것이다. 개발방법론의 구성요소를 살펴보면 그 목적을 좀 더 분명하게 알 수 있다. 비가시적인 SW 개발을 관리 가능하도록 가시화하고 개발자가 표준화된 절차와 방식으로 업무를 수행하기 위한 작업절차, 작업방법, 산출물을 정의하고 있으며, 선임자의 우수 수행사례, 개발경험을 축적·공유하기 위하여 각 작업절차별로 기법, Know-How를 연결하게 되어 있다. 마지막으로 각 작업절차별로 수행활동을 자동화하여 개발생산성을 향상시키는 도구로 구성되어 있다.

개발방법론 구성요소

구성 요소	필요성	활용용도
작업절차	비교적 장기간 수행되는 SW 개발상황을 가시화하고 SW 개발활동을 표준화하기 위해 SW 개발과정을 상세화한 절차	가시적인 SW 개발 관리 작업절차 통일
작업방법	각 절차 내에서 작업자가 수행하는 방법을 구체적으로 정의한 것 절차별로 Who, When, What을 정의	작업절차 내 업무수행방식 표준화
산출물	각 절차 완료 후 작성되는 문서 or 결과물	해당 작업의 적정 수행 여부 파악 품질관리, 감리 시 점검기준
기법	작업방법을 수행하는 Know-how 특정 기술요소, 구조별로 작성	우수 수행사례를 공유하고 개발경험을 축적·활용하기 위한 기반정보
도구	방법론에서 제시된 작업절차, 작업방법을 자동화·표준화시켜서 개발생산성을 향상시키고 필요 산출물을 만들어내는 툴(예 : Rational Rose, Together, 개발IDE 등)	개발생산성 향상 단순업무 자동화

여기서 산출물은 방법론상의 작업절차를 수행한 후 부수적으로 발생하는 결과물로 프로젝트 상황에 따라서 변경되거나 생략될 수도 있는 요소일 뿐이다. 그런데 언제부터인가 국내 개발현장에서는 산출물 작성이 목적이 되고 실제 개발내용물, 프로그램에 대해서는 잘 관리되지 않고 있다. 물론 산출물 작성은 중요하다. SW 개발은 건축처럼 결과물을 눈으로 보고 확인할 수 없기 때문에 개발의 적정성을 확인하기 위해서는 문서화된 산출물을 보고 판단할 수밖에 없고 품질점검이나 감리를 수행할 경우에도 산출물을 보고 프로젝트의 적정성 여부를 판단한다.

하지만 SW는 실제 구현 내용과 관련 산출물의 내용이 얼마든지 다를 수 있다는 특성을 갖고 있다. 즉, 실제 소스코드는 엉뚱하게 개발해 놓고도 분석·설계산출물은 멋지게 포장할 수 있는 것이다. 때문에 많은 프로젝트에서 멋진 포장을 위해서 개발자들에게 불필요한 산출물 작성을 요구하는 경우가 많이 발생하고 있다. 부족한 개발시간에 과도한 산출물을 만들게 되면 결국 실제 개발내용과 다른 포장지 역할만 하는 불필요한 산출물이 양산될 것이고 야근을 해가며 해당 작업을 수행한 개발자는 SW 공학, 개발방법론 얘기만 나오면 진절머리를 낼 것이다.

SW 개발방법론의 사용목적은 산출물 작성이 아니다. SW 개발절차와 개발방법을 표준화·효율화하는 것이다. 불필요한 작업을 생략 또는 최소화하고 핵심적인 작업은 누락 없이 꼼꼼히 체크하여 경험, 지식이 부족한 개발자도 어느 정도 수준의 결과물을 만들어 낼 수 있게 하는 것이다. 때문에 프로젝트에 방법론을 적용할 때는 방법론에서 제시되는 공정을 프로젝트 상황에 맞춰 어떻게 적용할지에 집중을 해야지 산출물에 집중하는 것은 옳지 않다. 수 천 장이 넘는 산출물을 밤새 출력하여 20~30개의 바인더에 포장하는 모습이나 산출물의 문구·양식이 잘못되었다고 오류를 주는 품질점검, 내용도 모르는 산출물을 밤새 복사하는 모습 등은 개선되어야 한다.

둘째, "SW 개발방법론은 참조 모델일 뿐이므로 프로젝트 상황에 맞게 수정하여 적용하는 것이다." 개발방법론을 마치 규정/지침처럼 생각하고 사용하는 PM, PL들이 있다. 이런 경우에는 방법론에 대한 테일러링 과정이 없이 제공된 개발방법론을 그대로 WBS(Work Breakdown Structure)[45]에 반영한다. 이러한 프로젝트는 대부분 개발방법론과 별개로 개발수행을 하고 나중에 개발방법론에서 요구되는 산출물을 프로젝트 수행내역과 관련 없이 만들어 낸다. 포장지와 내용물이 따로인 것이다. 이러한 프로젝트의 경우 계획수립, WBS도 잘못 작성되었을 가능성이 높다.

프로젝트 착수 시점에 PM, PL이 가장 중요하게 진행할 업무가 계획 수립과 WBS 작성인데, 이 WBS는 바로 개발방법론에서 제시하는 작업절차, 작업방식을 기준으로 해서 작성하게 된다. 프로젝트 계획 수립, WBS 작성 작업은 상당히 고난이도의 업무이다. 프로젝트의 특수한 상황, 고객의 복잡한 요건을 반영하면서 제안된 기간과 자원 내에서 수행 가능한 계획을 수립해야 한다. 프로젝트는 유일성이라는 특성

---

45. WBS(Work Breakdown Structure) : 프로젝트에서 수행할 작업을 관리가능한 수준으로 상세화하여 분류하고 수행 일정을 명시한 체계

을 갖고 있어 아무리 유사한 프로젝트라 해도 WBS를 그대로 복사해서 사용하는 것은 불가능하다. 이때 개발방법론도 프로젝트 상황에 맞춰 수정되어야 하는데 이러한 과정을 "방법론 테일러링"이라고 한다.

예를 들어, 신규 시스템인 경우 현황분석 단계가 생략된다든지, 소스코드를 Cobol에서 Java로 전환하는 프로젝트에서 분석·설계 단계를 축소하고 소스 컨버전 절차를 추가하는 등의 작업을 수행하게 된다. 또, SW 개발방법론은 실제 개발현장에서 사용 가능한 수준의 상세한 수행방법을 제시하지 않고 주로 일반적이고 이론적인 내용으로 구성되어 있다. 때문에 프로젝트의 상황에 맞게 적용하려다 보면, 개발자의 눈높이에 맞는 구체적인 수행방법, How에 대한 내용을 새롭게 만들어 내야 한다. 산출물 양식도 변경해야 하고 해당 프로젝트에서 불필요한 절차도 조정해야 한다. 그리고 해당 프로젝트에 맞는 작업방법, 기법을 만들어 내야 한다.

이런 것들이 이후에 개발방법론에 Know-How로 쌓이는 지식인 것이다. 때문에, 프로젝트의 PM, PL은 개발방법론을 잘 이해하고 있어야 하고 프로젝트 상황에 맞게 테일러링할 수 있는 역량을 갖추어야 한다.

셋째, "SW 개발방법론을 프로젝트에 맞게 적용하는 일은 품질담당자만의 일이 아니라 PM, PL도 함께 수행해야 하는 일이다." 필자는 앞서 프로젝트 착수단계에서 PM, PL의 주요 업무가 SW 개발방법론을 테일러링해서 WBS를 작성하는 것이라고 했다. 하지만 실제 프로젝트에서는 아쉽게도 PM, PL 중에 개발방법론을 능숙하게 테일러링

할 수 있는 인력이 아직도 많지 않다. 때문에 중/대형 프로젝트에서는 별도로 품질 담당자가 투입되어 방법론 테일러링 및 품질관리를 주관해서 수행하게 되고 PM, PL은 방법론의 내용을 제대로 파악하지 못한 채 다른 관리업무(고객관리, 인력관리, 커뮤니케이션관리 등)에 집중하는 것을 자주 볼 수 있다. 심지어는 산출물 점검, 모델링의 적정성 점검 등 개발팀 내에서 이루어져야 하는 품질관리활동도 품질담당자의 역할로 떠 넘기는 경우를 자주 볼 수 있었다.

실제 개발현장에서는 품질관리에 대한 범위, 역할 이슈가 자주 발생하는데, 이는 개발방법론을 Top-Down 식으로 적용하는 데 그 원인이 있다고 생각된다. 2000년대 초반, 국내 대형 SW업체들이 품질수준 향상을 위해 개발방법론을 한창 만들 시점에 국내 프로젝트 현장에서 SW 공학지식을 갖추고 개발방법론을 수립·적용할 수 있는 인력은 많지 않았다. 그래서 해외 유명대학의 교수, 석/박사 출신 인력들이 채용되었고 프로젝트 현장 인력 중에서 차출되어 짧은 기간의 방법론 교육을 거쳐 업무를 맡는 경우도 많았다. 이렇게 구성된 품질담당자는 회사의 품질정책, 개발방법론을 균일한 수준으로 지원하고 단기간 내에 다수 프로젝트의 개발품질을 높이는 데 많은 기여를 하였다. 하지만 큰 문제점도 발생되었는데, 방법론을 적용하여 프로젝트 계획을 수립하고 이끌어나가야 할 PM, PL이 개발 방법론이나 품질업무는 품질담당자의 일이고 PM, PL 업무는 아니라는 인식이 생겨나게 되었다. 품질담당자가 아무리 능력이 있다고 해도 해당 프로젝트의 특성을 PM, PL보다 잘 알 수는 없다. 또 품질업무만 수행하다 보면 부수적인 결과물임에도 문서화된 산출물에만 집착하게 되는 경향이 있다. 때문에 PM, PL이 개발방법론, 품질에 어느 정도 지식과 경험이 있다면 중/소 규모의 프로젝트에서 굳이 품질담당자를 두는 것은 낭비라고 생각된다. 자꾸 PM, PL의 일부 역할을 대신할 담당자들을 만들게 되면, PM, PL은 행정업무만 하게 되고 실제 SW 개발 자체를 책임지고 리딩할 인력이 없어지게 될 것이다.

개발방법론의 효과적인 사용방법

지금까지 개발방법론에 대해서 일반적으로 잘못 알고 있는 부분을 살펴보았다. 그렇다면 프로젝트에서 SW 개발방법론을 어떻게 적용하는 것이 효과적일까?

당연한 얘기지만 프로젝트에서 SW 개발방법론을 잘 적용하려면, 개발방법론을 공부해서 이해하고 있어야 한다. 응용 시스템 구축에서 개발방법론은 프로그래밍 언어와 마찬가지로 시스템 구축을 위한 필수 지식이다. 개발방법론을 단지 품질담당자의 업무로 생각하면 안 되고 개발자의 업무 중 일부로 이해해야 한다. 프로그래밍 언어를 공부하듯 PM이든 PL이든 개발자든 누구든지 개발방법론을 공부해야 한다.

그럼 어떻게 공부해야 하는가? 개발방법론 교재를 읽어보면 아마도 열에 아홉은 많은 분량과 이론 중심의 내용으로 금방 따분해 할 것이다. 그렇다. 책은 방법론을 공부하는 좋은 방법이 아니다. 필자의 경우 방법론을 공부할 때 직접 실습하는 방식으로 익혔다. 이전에 내가 개발했던 시스템, 또는 간단한 시스템 개발사례(호텔예약, PetStore 등)를 대상으로 개발방법론에서 제시하는 개발공정을 순서대로 직접 수행해 보면 각 공정의 의미를 좀 더 깊이 이해할 수 있고 효과적인 수행방법을 생각해볼 수 있을 것이다. 요구사항을 직접 정리, 분류, 명세화해보면, 모호한 요구사항을 어떤 식으로 표현해야 구체화시킬 수 있는지 이해할 수 있고, 사용자의 요구사항을 정보시스템으로 변환하기 위해서 각각의 분석, 설계 과정이 어떻게 연결되는지 파악할 수 있을 것이다. 모든 기술지식이 다 그렇듯이 SW 개발방법론도 단지 책을 읽는다고 익혀지지 않는다. 경험을 통해서 느끼고 기억에 새겨야 진짜 지식이 될 수 있다.

둘째, SW 개발방법론을 프로젝트 상황에 맞게 테일러링해야 한다. 앞서 얘기한 것처럼 모든 프로젝트는 각각의 고유한 특성을 갖고 있고 개발방법론을 참조모델로 삼아 프로젝트 상황에 맞게 수정해야 한다. SW 개발방법론을 어느 정도 공부했다면, 이제 테일러링을 통해서 실전에서 적용해보자. 필자가 보험사 차세대 프로젝트에 투입되었을 때의 상황이다.

해당 프로젝트는 시스템 환경을 메인프레임, COBOL 기반환경에서 Unix, C언어 기반환경으로 다운사이징하는 프로젝트였다. 여기에 최신 IT 기술을 도입하여 Application Framework, BRE(Business Rule Engine)[46] 솔루션이 도입되었고, 150여 명이 넘는 많은 개발 인력의 효율적인 개발을 위해서 개발조직을 UI개발팀, 서버 개발팀, Rule 개발팀, SQL 개발팀으로 세분화하여 조직하였다.

다소 복잡한 상황이었지만, 다음과 같은 방법으로 각각의 상황에 대

---

46. BRE(Business Rule Engine) : 복잡, 다양한 비즈니스 규칙을 Rule로 변환, 시스템화하여 효율적으로 관리할 수 있게 지원하는 솔루션

해서 방법론을 테일러링하여 적용하였다.

현황분석 방식 변경

해당 프로젝트의 기능 추가 개발요건은 크지 않았고 기존 구현된 기능을 동일한 수준으로 전환하는 요구사항이 컸다. 보통 현황분석이라 하면 현 운영시스템의 기능 목록, 프로그램 목록, 테이블 목록 등을 개략적으로 정리하는 방식으로 진행한다. 하지만 본 프로젝트에서는 기존 COBOL 프로그램이 전환되어야 하므로, COBOL 프로그램에 대한 상세 Logic 수준까지 정리하는 것이 중요했다. 때문에 Logic 분석을 위한 별도 정리양식을 정의하고 정확한 Logic 정리를 위해 현황분석 일정을 추가하였다. 대신 신규 업무요건을 분석하는 기간을 줄였다.

COBOL 프로그램의 C 전환작업 추가

프로그램 본 수가 많기 때문에 COBOL 프로그램을 C로 전환하는 데 효율적인 접근방법이 필요하였다. 아키텍처 팀에서 COBOL 프로그램을 C 프로그램으로 전환하는 공통모듈을 구현하였고, 개발단계에서 개발자가 각자 담당하는 COBOL 프로그램을 C로 전환하고 소스를 보완하는 단계를 추가하였다.

각 영역별 개발팀 개발절차 수립

개발팀이 Layer별로 구분되어 있다 보니, 서로 간의 커뮤니케이션이 원활히 진행되지 않고 통합테스트 수행 시 누락되는 부분이 발생할 위험성이 있었다. 때문에 업무별 개발 오너십은 서버단 개발자가 갖고

UI 개발자, Rule 개발자, SQL 개발자는 서버단 개발자의 개발요청을 받아 단위 테스트를 완료한 후 테스트 완료된 API를 제공하는 방식으로 개발절차를 정의하였다.

위의 사례와 같이 프로젝트의 특성과 상황에 맞게 개발방법론은 수정되어야 한다. 그러려면 초기 계획 수립 시 프로젝트의 주요 담당자들이 모두 참여하여 전체 개발공정을 시뮬레이션 해보고 추가할 작업, 생략할 작업, 집중할 중요작업을 선정해 봐야 한다. 또 이렇게 정의된 개발절차와 산출물은 고객 등 관련 이해당사자와 협의를 통해서 합의되어야 한다.

셋째, 테일러링된 개발절차/방법을 검증해야 한다. 처음 경험하는 상황에 대해서 개발방법론을 테일러할 경우 해당 방법이 맞는지, 정말 효율적인지 알 수가 없다. 유사한 경험을 해본 전문가가 프로젝트 팀에 있다면 괜찮겠지만, 현장에서 그런 경우는 거의 없다. 그렇다면 해결책은 사전에 일부 업무에 대해서 직접 해보는 것뿐이다. 즉 사전검증을 하는 것이다.

필자도 위의 보험사 차세대 프로젝트를 테일러링하여 적용할 때 처음 해본 작업이고 어느 개발방법론, 가이드에도 나와 있지 않은 내용이다 보니 초기에 많은 시행착오와 두려움이 있었다. 때문에 업무팀 PL들과 협업하여 3개 업무파트의 개발자와 필자가 맡고 있는 아키텍처팀 담당자로 선도개발팀을 임시적으로 구성하고 3가지 업무에 대해서 테일러링된 개발절차/방법을 적용하여 분석/설계/개발작업을 실제 진행하였다. 수행을 해보니 여기저기서 개발자의 불편사항, 보완해야 할 부분을 찾을 수 있었다. 전문생성을 Framework 기반으로 자동생성하기 위해 전문정의서 산출물을 추가하였고 Rule, SQL 개발팀과의 원활한 커뮤니케이션을 위해 프로젝트 내에 개발관리 웹사이트를 구성하여 이를 통해 개발요청 및 결과확인을 할 수 있도록 환경을 지원하였다.

대부분의 사람들은 사전검증이라고 하면, 새로 도입된 솔루션, 장비 등의 적합성 여부를 판단하는 것으로 생각하기 쉬운데, 새롭게 적용하는 개발절차, 분석/설계 방식에 대해서도 어떤 방식이 현 프로젝트에 최적인지 찾아내기 위해서는 사전검증을 통해서 프로젝트에서 적용할 개발절차와 방식, 산출물 양식을 정하는 것이 필요하다. 특히 CBD(Component Based Development), Agile 개발 등 프로젝트 내에 수행해 본 인력이나 경험이 없는 경우에는 반드시 사전검증을 통해서 해당 개발절차와 방식을 수행해 보고 보완하는 것이 필요하다.

넷째, 개발방법론의 효율적인 적용을 위하여 자동화된 개발환경을 구성해야 한다. 일반적으로 개발자는 코딩 이외에 다른 업무는 부가적인 것으로 생각한다. 또 코딩할 시간도 부족한데 개발방법론상에 정의되어 있다고 이것저것 하도록 요구하면 개발자의 불만은 점점 커지게 되고, 그렇게 만들어진 산출물의 품질은 점점 낮아질 것이다. 필자도 위의 차세대 프로젝트를 수행하면서 개발자의 문서작업, 반복작업을 효율화하기 위해 몇 가지 자동화된 개발환경을 구성했었다. 테이블 단위의 DB 오브젝트 생성, 전문 생성을 자동화하고 산출물 작성시간을 줄이기 위해서 통합개발환경에 입력된 정보를 바탕으로 산출물을 자동생성하는 기능 등을 구현했었고 덕분에 개발자의 SW 개발생산성을 어느 정도 향상시킬 수 있었다.

자동화된 개발환경이라고 해서 모든 것을 자동화하라는 것이 아니다. 작게는 산출물 자동생성에서 프로젝트 내의 상황에 따라 분석, 설계, 반복개발해야 하는 코드까지 자동화된 환경을 구성할 수 있다. 다행히도 우리 주변에는 개발환경을 지원하고 자동화할 수 있는 많은 도구들이 제공되고 있다. DB모델링 도구, UML모델링 도구(StarUML 등), 통합개발환경(Eclipse 등), 테스트 도구(Junit 등), 형상관리도구(CVS, SVN 등), 빌드 도구(Ant, Maven 등) 들이 오픈 소스 형태로 제공되고 있다. 테일러링된 개발절차/방법을 자동화된 개발환경과 결합하여 프로젝트에 적용한다면 프로젝트의 개발 생산성을 눈에 띄게 향상시킬 수 있을 것이다.

SW 개발방법론은 더 이상 어렵고 따분한 주제가 아니다. 쉽게 생각하면 우리가 개발하는 절차·방식을 순서대로 정리한 내용일 뿐이다. 관심을 갖고 공부해보자. 개발방법론을 잘 알고 있으면 프로젝트에서 핵심인력으로 인정받을 수 있을 것이다. 취업을 준비하는 대학생 또는 신입사원이라면 단지 프로그래밍만 공부할 것이 아니라 개발방법론 절차에 맞춰서 사용자의 요구사항을 프로그래밍 언어로 전환하는 과정까지 포함하여 공부해보자. 관리자 또는 선임 개발자라면 개발방법론을 통해서 프로젝트의 각 수행단계 및 후임 개발자를 효율적으로 관리하고 리딩하는 방법을 익혀보자. 실제 프로젝트를 수행하는 데 많은 도움을 받을 수 있을 것이다.

CHAPTER 17

SW 재사용에 도전하자

SW 재사용, 가능한가?

SW 재사용이란 이미 개발된 SW의 기능모듈, 프로그램, 개발/설계 산출물 등을 관련된 SW 개발 시 동일하게 적용 또는 일부 수정해서 사용하는 것을 말한다. 처음 개발할 때는 개발 과정과 테스트에 많은 시간과 비용이 투입되지만, 꼼꼼하게 개발된 우수한 SW는 좀 더 적은 시간과 비용으로 다른 SW를 개발할 수 있다는 것이다. 반복적으로 사용이 가능한 SW의 특성으로 인해 SW 재사용은 SW 산업의 수익성을 향상시키기 위한 중요 과제라 할 수 있다.

만약에 SW 재사용이 제대로만 된다면, SW 회사로서는 최상의 비즈니스 모델을 확보하는 것이다. 한번 SW를 잘 개발해두면, 적은 비용으로 계속해서 SW를 판매하여 수익을 올릴 수 있고, 지속적으로 추가·보완할 기능을 업데이트하여 SW 품질은 점점 높아지고 기능은 다양해져서 결국 시장경쟁력을 더욱 높이게 될 것이다. 개발자들도 생소한 SW를 매번 처음부터 다시 개발하는 것이 아니라 본인이 잘 알고 있는 SW를 지속적으로 수정·개선해 나가면 야근 없는 쾌적한 근무 환경을 유지할 수 있고, 나중에는 해당 SW의 전문가가 되어 높은 몸값을 받으면서 SW 아키텍트 또는 컨설턴트로서 성장해 나갈 수 있을 것이다.

국내에서도 SW 재사용을 향상시키고 수익성을 재고하기 위하여 지속적인 노력을 해오고 있다. 특히, 2000년대 초반, 해외에서 객체지향 패러다임[47], CBD(Component Based Development)[48] 개념이 도입되면서, 곧 SW 재사용 시대가 열릴 것으로 많은 사람들이 열광했었다. 필자의 기억으로 당시에는 객체지향방법론 또는 CBD 방법론을 준수하고 따라 하기만 하면, 금방이라도 재사용 가능한 SW를 개발할 수 있는 것처럼 인식되었다. 많은 프로젝트 제안서가 SW 재사용성은 향상시키면서 적은 비용과 단축된 일정으로 시스템을 구축할 수 있는 것으로 작성되었다. 또 많은 IT 회사들이 재사용 가능한 SW를 확보하기 위해서 대형 SI 회사를 중심으로 SW Reuse팀, Reuse 센터 등을 만들고 재사용 가능한 SW 확보 및 SI에서 개발된 시스템의 패키지화에 열을 올렸었다.

SW 재사용을 확대하려는 이러한 노력은 크게 3가지 관점에서 진행되어왔다. 첫째, 방법론 관점에서 앞서 얘기한 객체지향 패러다임, CBD 개발방법론을 적용하여 개발 방식과 절차를 변경하였고 이후에

---

47. 객체지향 패러다임 : SW를 실 세계에 존재하는 사물이나 개념, 즉 사람이 이해하는 방식 그대로 표현하고 설계/개발에 적용하려는 개발방식

48. CBD(Component Based Development) : 재사용 가능한 SW모듈, 컴포넌트를 정의하고, 기 개발된 컴포넌트를 재사용, 조합하여 전체 SW 를 개발해 나가는 개발방법론

는 SOA(Service Oriented Architecture)[49], PL(Product Line)[50] 과 같은 좀더 발전된 SW 공학이론을 적용하여 재사용 가능한 SW를 개발하고 활용하도록 가이드되었다. 둘째, 설계 관점에서는 표준화된 분석/설계 모델의 작성 및 재사용을 위해 UML(Unified Modeling Language)[51]을 기반으로 한 SW 설계방식이 제시되었으며, UML로 작성된 설계 모델을 소스코드로 자동 변환하여 실제 프로그램을 구현하는 MDA(Model Driven Architecture)[52] 방식까지 제시되었다. 마지막으로 개발 관점에서는 개발 소스코드의 재활용을 위해 다양한 프레임워크(예 : Spring Framework, Struts Framework 등)이 개발·적용되었으며, 최근에는 프레임워크상에 AOP(Aspect Oriented Programming[53]) 개념까지 포함되어 재사용 가능한 SW 개발환경을 지원하고 있다.

그러나 SW 재사용 열풍이 지나간 2015년 지금 우리의 현실은 어떠한가? 재사용 가능한 SW는 컨설팅 보고서나 프로젝트 완료보고서에

---

49. SOA(Service Oriented Architecture) : 기술적으로 종속성이 없고 재사용 가능한 Service를 정의하고 이를 조합하여 Legacy 시스템의 변경 없이 사용자 맞춤형 SW를 개발하는 방식
50. PL(Product Line) : 특정 비즈니스, 업무 영역 내에서 재사용 가능한 Core Asset을 미리 개발하고 이를 재사용하여 개발하는 방식
51. UML(Unified Modeling Language) : OMG에서 제시한 표준화된 분석/설계 모델 작성을 위한 모델링 언어
52. MDA(Model Driven Architecture) : 구현환경, 기술에 독립적·논리적인 비즈니스 모델을 설계하고 이를 물리적인 프로그램으로 자동 변환하여 SW를 개발하는 방식
53. AOP(Aspect Oriented Programming) : 프로그램을 요구사항에 대한 기능요건을 처리하는 로직처리 부분(Core Concern)과 공통요건을 처리하는 부분(Cross Cut)으로 분할한 후, 운영 시 통합하여 모듈화를 향상시키는 개발방식

문서상으로만 존재하고 실제 SW 개발 시 재사용 가능한 SW는 찾아보기 힘들다. SW 재사용 향상을 위해서 많은 노력을 했지만, 아직까지도 SW 업체는 유사 비즈니스임에도 불구하고 이전에 개발했던 SW를 효과적으로 재사용하지 못하고 전면 신규 개발을 함으로써 비용과 시간을 줄이지 못하고 있다. 또 SW 개발자들은 표준화된 설계산출물, 컴포넌트를 재사용하지 못하고 다른 사람이 개발한 누더기로 개발된 프로그램 소스를 분석하고 Copy & Paste하기 위해 계속해서 야근을 해야 하는 상황이다. 개발방법론은 변했지만, 실제 개발방식은 변하지 않아서 UML로 작성되는 많은 산출물이 결과적으로는 제대로 활용되지 못하고 예전보다 더 많은 산출물을 의미 없이 작성하는 상황이 된 것이다. 다만, 프레임워크 적용은 어느 정도 개발현장에 정착되어 대형 SI업체의 Any Frame, Nexcore Framework, ProFrame 등 오픈소스 Spring Framework, 정부에서 추진하는 전자정부표준프레임워크 등 다양한 개발 프레임워크가 널리 적용되고 있다.

SW 재사용의 실패원인

그렇다면, 왜 SW 재사용은 아직까지 개발 현장에 정착되지 못하고 있을까? 몇 가지 사례를 통해서 실패원인을 살펴보도록 하자.

첫 번째는 재사용 SW, 컴포넌트를 만드는 데만 집중하고 이것을 어떻게 유지관리할지에 대해서는 고민하지 않았다. 필자가 회사 내의 솔루션 개발 프로젝트에 참여했을 때였다. 당시 근무하던 회사는 여러 차례의 의료정보화 SI 프로젝트를 통해서 의료 SW에 대한 많은 경험과 지식을 보유하고 있었고 이를 활용하여 의료 SW를 패키지화하려는 계획을 세웠다. 필자는 CBD 담당자 겸, 개발 PL로 해당 프로젝트에 참여하였고 관련 업무전문가들과 100여 개의 재사용 가능한 컴포넌트로 해당 SW를 패키지화하여 개발하였다.

하지만 그 이후가 문제였다. 해당 패키지를 제안해서 막상 프로젝트를 시작하자 패키지를 지속적으로 유지 개발할 인력도 없이 모두 프로젝트에 투입되었고 프로젝트 내 사용자의 요구사항에 맞춰서 패키지의 기능은 대부분 재개발된 것이다. 초기 패키지의 기능이 대부분 커스터마이징되고 버전관리도 되지 않다 보니, 다음 번 프로젝트에서도 패키지 사용을 통한 개발비용 절감이나 시간 단축을 기대하기 어려웠고 패키지의 실체도 몇 년 후에는 사라져 버렸다. 영업상 필요한 일이겠지만 관리자, 영업담당자는 대외적인 선전에만 관심이 있을 뿐 패키지를 어떻게 유지관리할지, 개발된 컴포넌트를 실제 프로젝트에서 어떻게 활용할지에 대해서는 아무런 계획도 준비도 없었던 것이다.

두 번째는 재사용 SW 개발을 위해 필요한 개발기간을 고려하지 않았다. 필자가 ○○ 공공 프로젝트에 투입되었을 때다. 프로젝트 계획상에서 당시 각광받던 객체지향개념으로 재사용 가능한 컴포넌트를 개발하여 재사용성이 뛰어난 시스템을 개발하겠다는 목표를 갖고 있었다. 계획에 맞춰서 CBD 방법론과 프레임워크가 되지만, 정작 200여 명이 넘는 프로젝트 인력 중 CBD 방법론을 이해하고 있는 인력은 필자를 포함해서 방법론 가이드 및 기술지원을 위해 투입된 4명밖에 없었고 나머지 인력은 CBD는 물론이고 Java 개발경험도 거의 없었다. 일정계획은 더 심각했는데, CBD를 적용하겠다면서, 총 개발

기간 8개월 중 컴포넌트 식별 및 설계를 포함한 설계기간은 단 3주로 해당 일정으로는 제대로 된 컴포넌트의 식별과 설계는커녕 계약서상에 정해진 산출물을 맞추는 데도 부족한 시간이었다.

방법론과 개발도구, 환경은 재사용 SW 개발을 하도록 바뀌었지만 정작 중요한 나머지 인력구성, 개발일정 그리고 관리자, 개발자의 마인드는 그대로였던 것이다. 일반적으로 재사용 가능한 컴포넌트를 설계하고 개발하는 데는 일반적인 설계·개발시간보다 3배의 시간이 더 걸린다고 한다. 왜냐하면 초기 요구되는 기능 이외에 향후 발생할 수 있는 변경사항까지 고려하여 일반화·표준화시키는 작업이 추가되고 SW 내에서 유사한 기능이 없는지 상호 비교검토하고 중복기능을 통합·조정하는 과정이 포함되기 때문이다. 더욱이 이러한 활동들을 일시적으로 한 번만 수행하는 것이 아니라 설계·개발 기간 동안 계속해야 하기 때문이다.

SW 재사용에 성공하려면

갈 길이 멀지만, SW 재사용은 국내 SW 기업들이 여전히 달성해야 할 과제이다. 때문에 시스템을 구축하거나 패키지를 개발할 때 또는 시스템을 운영할 때도 SW 재사용을 고려한 개발 및 관리가 절실히 필요하다. 그렇다면 SW 재사용의 효과를 어느 정도 달성하려면 무엇을 고려해야 할지 몇몇 성공사례를 통해서 살펴보도록 하자.

첫째, 먼저 작지만 실행 가능한 부분부터 적용해야 한다.

○○생명 프로젝트에 투입되었을 때다. 프로젝트에서 기존 시스템

상에 BPM(Business Process Management)[54] 솔루션을 적용하기 위해 운영 중인 시스템의 현황을 파악해야 했다. 운영 중인 시스템의 아키텍처와 모듈화 구성을 살펴보니 다른 시스템과 차별화된 부분이 있었는데, DB 프로그램에 대해서는 개발자가 아닌 별도의 DB 전담 개발팀에서 개발·관리를 전담하는 것이었다. 개발자가 필요한 Query 개발요건을 해당 팀에 전달하면, DB 전담 개발팀에서 개발요청요건 검토 후 재사용 가능한 Query가 있는지 우선 파악하여 이미 개발된 Query를 최대한 재사용하였고, 개발한 Query에 대해서 오류 점검 및 튜닝을 수행하여 신뢰성 있고 검증된 Query를 개발해 내고 있었다.

SW 공학에서 얘기하는 재사용 단위는 CBD에서 얘기하는 컴포넌트 또는 SOA에서 얘기하는 Service 단위이다. 컴포넌트는 닷넷, J2EE 환경에서 독자적으로 패키징, 배포하여 운영이 가능한 단위이고 Service는 여기서 한 단계 더 나아가 비즈니스에서 재사용 가능한 단위로 모듈화되어 여러 컴포넌트를 호출·조정하는 단위이다. 실제 구현을 잘 한다면 좋겠지만, 이를 구현하기 위해서는 해당 분야의 전문가도 많이 필요하고 개발자의 수준도 전체적으로 향상되어야 한다. 아직까지 국내 개발환경에서는 실행하기 어려워 보인다. 그렇다면 재사용 단위를 공통모듈 또는 위의 사례처럼 DB Query로 낮추면 어떨까? 굳이 복잡한 SW 공학지식이 필요 없을 것이다. 그냥 내용을 비교해서 이전에 개발된 것이 있는지 확인해보고 있으면 쓰고, 없으면 새로 만

---

54. BPM(Business Process Management) : 업무 프로세스를 정의·모델화하고 이를 정보시스템과 연계하여 최종 사용자가 사용자의 업무 프로세스 기반으로 시스템을 사용할 수 있도록 지원하는 솔루션

들면 된다. 혹시 유사한 내용이 있다고 하면 내부적인 기준으로 유형을 나눌 것인지 정하면 된다. 재사용 모듈을 설계, 개발, 유지하는 것이 좀 더 단순해지는 것이다. SW 재사용 대상이 DB모듈이든, 공통모듈이든, 컴포넌트든, Service든 중요하지 않다. 중요한 것은 작은 부분이라도 우리가 개발했던 프로그램이 쓰레기통에 버려지지 않고 누군가 재사용을 하기 위해 찾아볼 수 있고, 사용가능한지 확인하고, 새로운 프로그램에 연결해서 사용할 수 있게 하는 것이다.

그 동안 재사용 SW 개발이라고 하면, SI에서 개발을 수행하는 것만을 생각하는데, 수 차례 SI에 적용해 본 결과 그것이 얼마나 어려운 일인지 실감할 수 있었다. 국내처럼 단기적인 목적으로 사용자의 입맛에 맞게 계속 SW를 변경해야 하는 환경에서는 패키지 기반의 SI 사업, 지속적으로 형상이 유지되는 솔루션이 나오기 어렵다. 그렇다면 앞의 사례처럼 시스템 운영을 담당하는 SM(Service Management) 부분은 어떨까? 유지보수 단계에서는 주로 이미 개발된 프로그램 모듈을 수정하게 된다. 재사용 가능한 모듈이 많다면, 즉각적인 개발생산성 향상 효과를 볼 수 있을 것이다. 운영 중인 시스템에서 작지만 재사용 가능한 부분, 공통모듈 또는 DB모듈을 식별하고 별도의 전담팀을 구성하여 재사용 체계를 수립하고 운영해 나간다면 어렵게만 보이던 SW 재사용을 어느 정도 실현할 수 있을 것이다.

둘째, 재사용 모듈을 개발하기 위한 개발기간과 수행방법을 구체적으로 수립해야 한다.

○○통신사 프로젝트에 투입되었을 때이다. 해당 프로젝트는 SOA

(Service Oriented Architecture) 개념을 도입하여 차세대 시스템을 구축하는 것이었는데, 프로젝트 범위 중에 재사용 가능한 Service를 지속적으로 관리 · 재사용을 하기 위해 Service 관리 조직, SOA CoE(Center of Excellence)를 구성하여 Service를 설계 · 개발하는 것이 포함되어 있었다. 다행스럽게도 SOA에서 제시하는 Service 개발방법론에는 재사용 가능한 Service 식별 및 관리를 위한 절차가 정의되어 있어 초기 프로젝트 계획 시 이에 필요한 개발기간 및 수행방법이 반영될 수 있었다.

 혹자는 위와 같은 재사용 모듈에 대한 관리활동이 불필요하거나 간단한 작업이 아니냐고 얘기할 수 있을 것이다. 하지만 필자의 경험으로는 결코 단순한 작업이 아니다. 오히려 개발보다 더 어렵고 시스템 전반의 복합적인 사고를 가져야 수행할 수 있는 작업이었다. 더 어려운 이유는 재사용을 위해서 표준화라는 과정을 거쳐야 하기 때문이다. SW가 재사용되려면, 기본적으로 표준화된 Input, Output 정보를 가져야 하는데, 개발자가 각각이다 보니 이 부분이 맞지 않는 경우가 자주 발생한다. 또 재사용 모듈 개발을 위해서는 이전에 개발된 유사 모듈은 없는지 파악해야 한다. 동일한 모듈이 있다면 그냥 재사용하면 되겠지만 일부 기능, 일부 Input, Output 정보만 차이가 있는 경우 기존 모듈을 변경개발할지 신규개발을 할지 고민해야 한다. 변경개발을 한다면 이로 인해 영향을 받는 다른 개발자들이 반발할 수 있고, 신규개발이 된다면 무분별하게 재사용 모듈을 늘리게 될 수 있다. 때문에 재사용 모듈에 대한 관리는 변경 영향도, 향후 확장성, 전체 SW 구조 측면의 적합성 등 다양한 요소를 고려하여 판단되어야 한다. 또 이러한 작업들을 원활하게 수행하기 위해서는 추가적인 작업을 위한 기간이 산정되고 구체적인 수행방안이 사전에 계획되어야 한다.

셋째, SW 재사용을 위한 관리체계를 구성하는 것이 필요하다. 외국 유명 IT 업체의 사례를 한번 살펴보자. ○○보험사의 ISP(Information Strategy Planning)[55]에 투입되어 여러 보험사 업무 패키지를 검토할 때였다. 미국 유명 SI 업체의 솔루션도 포함되어 있었는데 해당 업체의 패키지 관리방식은 국내업체와 많이 상이하였다. 해당 업체는 자사의 보험 패키지 자체를 프로젝트의 개별적인 요청에 의해서 수정하는 것을 허용하지 않았고 패키지 자체를 변경하는 것은 신기술 도입 또는 글로벌한 범용적인 개선요건 반영이 필요하다고 본사 연구소에서 인정될 경우에만 변경이 가능하였다.

이런 방식으로 해당 패키지를 관리하다 보니, 제품이 출시된 지 20년이 지났음에도 불구하고 원형 버전을 그대로 유지하고 있었으며, 해당 업체의 패키지 전문가들은 외국 사이트에 나와서 패키지에 대한 업무설명, API 사용 가이드을 제시하는 컨설턴트로서 과도한 업무부하 없이 일을 수행할 수 있었다. 또 제품의 기능/성능 측면에서도 수 년간 검증되어 국제적인 여러 보험사와 긴밀한 신뢰관계가 형성되었고 일부 보험사에서는 표준업무패키지로 선정되어 해외지사, 지점에 대해서도 예외 없이 동일한 솔루션을 사용하도록 되어 있었다.

앞서 DB Query 재사용을 위해 DB 개발전담팀을 둔 사례나 Service

---

55. ISP : 기업의 중장기 비전, 경영계획에 맞춰 기업 IT의 비전, 전략 및 목표시스템을 기획하고 마스터플랜을 수립하는 활동

재사용을 위해 별도의 Service 개발팀을 둔 통신사의 사례에서 볼 수 있듯이 SW 재사용을 위해서는 별도의 조직과 관리체계가 필요하다. 개발요건이 발생될 때마다 일관된 기준 없이 SW를 변경하면 금새 누더기 시스템이 되고 SW 재사용은 또다시 공염불이 될 것이다. 재사용 가능한 컴포넌트 또는 모듈을 만들었다고 해서, 재사용 모듈이 자동으로 알아서 재사용되는 것이 아니다. SW 재사용을 위해서는 재사용 가능한 모듈이 어딘가에 등록·검색되어야 하고 어떤 기능을 제공하는지 상세한 정보가 제공되고 테스트가 가능해야 한다. 또 재사용 모듈을 누군가 지속적으로 관리하고 수정·보완해서 지속적으로 형상정보가 유지되도록 관리되어야 한다. 마지막으로 재사용 모듈을 수정할 때는 일관된 기준을 가지고 별도의 팀에서 개발하고 배포되어야 하는 것이다.

SW 재사용이라는 달콤한 열매를 먹기 위해서는 추가되어야 하는 공수와 시간이 인정되어야 한다. 이를 인정하지 않고 달콤한 결과만 얻으려 한다면, 상황은 더 이상 나아지지 않을 것이다. 다른 나라의 SW 산업은 계속해서 발전해 나가고 SW 세상을 선점해 나가고 있는데 국내의 SW 산업만 유독 첫 관문을 뛰어넘지 못하고 제자리에서 맴도는 느낌이다. SW는 수 년간의 시행착오와 경험을 통해서 지속적으로 발전해 나가야 하는데 국내 SW, 정보시스템은 소모적으로 새로 지었다가 부수고 다시 짓는 행동만 반복하고 있는 것 같다. 첫 관문을 뛰어넘으려면 그 동안 하지 않았던 것을 해야 한다. SW 재사용을 위한 변화가 속히 시작되었으면 한다.

저자 약력

엄 기 영
- 컴퓨터시스템응용기술사/정보시스템수석감리원
- (주)우리에프아이에스 근무
- 관심분야 : SW 아키텍처, SW 품질, SW 개발방법론

김 혜 수
- 정보관리기술사/정보통신특급감리원
- ISO/IEC 27001 선임심사원(보)
- 특허청 근무
- 관심분야 : 지식재산, 성과관리, 표준
- 저서 : IT이것도 모르면 하지마라(예문사)

강 미 정
- 정보관리기술사/정보시스템수석감리원
- (주)날리지큐브 근무
- 관심분야 : 지식경영, 경영과 IT, 디자인 씽킹
- 저서 : IT이것도 모르면 하지마라(예문사)

김 동 혁
- 컴퓨터시스템응용기술사/정보시스템수석감리원/
  정보통신특급감리원/PIPL인증심사원
- 한국SC은행근무
- 관심분야 : 정보보안, 핀테크, SW품질

류 기 동
- 컴퓨터시스템응용기술사/정보시스템수석감리원
- (주)ECS텔레콤 근무
- 관심분야 : 데이터마이닝, CRM, IPCC, IPT
- 저서 : 델파이 6 시작과 완성(대림출판사)
  IT이것도 모르면 하지마라(예문사)

박 세 영
- 정보관리기술사/정보시스템수석감리원
- 현대오토에버(주) 근무
- 관심분야 : MES, ERP, NMS
- 저서 : 정보처리기술사(예문사)
  IT이것도 모르면 하지마라(예문사)

까칠한 선배들이 들려주는
IT이야기

발행일	2015년 11월 10일 초판 발행
저 자	엄기영 · 김혜수 · 강미정 · 김동혁 · 류기동 · 박세영
발행인	정용수
발행처	YEAMOONSA 예문사
주 소	경기도 파주시 광인사길 79(출판도시)
T E L	031)955-0550
F A X	031)955-0660

등록번호 / 11-76호

정가 : 12,000원

- 이 책의 어느 부분도 저작권자나 발행인의 승인 없이 무단 복제하여 이용할 수 없습니다.
- 파본 및 낙장은 구입하신 서점에서 교환하여 드립니다.
- 예문사 홈페이지 http : //www.yeamoonsa.com

ISBN 978-89-274-1530-5   13000

이 도서의 국립중앙도서관 출판예정도서목록(CIP)은 서지정보유통지원시스템 홈페이지(http://seoji.nl.go.kr)와 국가자료공동목록시스템(http://www.nl.go.kr/kolisnet)에서 이용하실 수 있습니다. (CIP제어번호 : CIP2015029487)